王 军◎著

法院审判哲学

探索、创立审判哲学的
根本意义在于谋求法院发展

中国民主法制出版社

图书在版编目（CIP）数据

法院审判哲学/王军著.—北京：中国民主法制
出版社，2022.10
ISBN 978-7-5162-2961-3

Ⅰ.①法…　Ⅱ.①王…　Ⅲ.①法院—审判—工作—研
究—中国　Ⅳ.①D926.2

中国版本图书馆 CIP 数据核字（2022）第 192350 号

图书出品人：刘海涛
责 任 编 辑：庞贺鑫　袁　月

书名/**法院审判哲学**
作者/王　军　著

出版·发行/中国民主法制出版社
地址/北京市丰台区右安门外玉林里 7 号（100069）
电话/（010）63055259（总编室）　63058068　63057714（营销中心）
传真/（010）63055259
http：// www. npcpub. com
E-mail：mzfz@ npcpub. com
经销/新华书店
开本/16 开　710 毫米×1000 毫米
印张/11　字数/167 千字
版本/2023 年 2 月第 1 版　2023 年 2 月第 1 次印刷
印刷/北京天宇万达印刷有限公司

书号/ISBN 978-7-5162-2961-3
定价/42.00 元

前　　言

伴随我国改革开放四十多年，人民法院获得长足发展，笔者见证、参与了这一进程。人民法院怎样改革发展才能符合党、国家和人民的要求、期待？首先，这是实践问题。应实践的呼唤，法院改革举措从未间断，并不断付诸实践、接受实践检验。正因大多数改革举措是科学、正确的，才有了法院的今天。其次，这又是理论问题。党的十八大以来，最高人民法院十分注重理论指导，出台的审判制度、法官制度、执行制度等改革举措均实现重大突破。理论对实践的指导作用自不待言，关键问题是改革发展实践需要什么理论指导？习近平总书记深刻指出，"努力把马克思主义哲学作为自己的看家本领"。诚然，马克思主义哲学不可能回答、解决改革开放的某个具体难题，但它揭示的社会发展本质规律为改革发展提供了唯一科学的世界观、方法论。马克思说，任何真正的哲学都是自己时代精神的精华。习近平新时代中国特色社会主义思想包含了极具时代精神的、丰富的哲学思想，来源于、指导于、检验于中国复兴之梦的伟大实践。正因如此，中国共产党领导的社会主义建设事业取得了前所未有的辉煌成就。马克思主义哲学在新时代的中国大放异彩，重现了强大的生命力。因此，人民法院的改革发展，在习近平新时代中国特色社会主义思想指导下，不仅要注重法学、审判学、管理学等理论的运用、指导，还要探索历史唯物主义审判哲学，树立科学的审判观、方法论，回答、解决带有全局性、长远性的重大问题。

20世纪末，笔者在苦苦探索高密市人民法院改革发展中发现，历史唯物主义关于社会发展的根本动力是生产力与生产关系、经济基础与上层建筑两对基本矛盾的原理，这既是对法院改革发展的要求，又完全适合应用于法院内部。法院发展的根本动力是审判力与审判关系、审判关系与司法行政两对基本矛盾，以此为指导的改革实践取得了理想的成效。从此，探索法院审判哲学便成为笔者不懈的追求，谨以此书作为探索生涯中的又一实际行动。法院审判哲学以马克思主义哲学为指导，从我国国情出发，试图揭示审判本质和一般规律，创立新的应用哲学学科，为法院改革发展提供科学的审判观和方法论。同时，为说明审判哲学理论源于实践、指导实践、检验于实践的艰辛、曲折的探求历程，又撰写了"法院创新生涯"部分，回顾了笔者在三十多年火热的法院工作中，刻苦学习、创新思考，不断收获实践常青之树的理论果实，尤其是着力对审判哲学理论体系的渊源进行了深入挖掘。

社会发展才有生机活力，法院审判发展才能发挥职能作用、实现社会价值。探索、创立法院审判哲学的根本意义是谋求发展。法院是国家审判机关，是审判的载体，审判不可能孤立地发展，其必须依赖法院的发展而发展。笔者根据马克思主义哲学撰写的《发展哲学》探索了整个世界的发展规律，是本书的重要指导。因此，"法院审判哲学"也是一部探索法院发展规律的"法院发展哲学"。

由于水平所限，谬误在所难免，敬请读者指正。对鼓励、帮助本人写作的朋友深表谢意！

目　录

第一章 绪 论

四十多年来，我国波澜壮阔的经济社会改革发展浪潮猛烈撞击着、推动着审判改革发展。社会主义初级阶段的审判改革尤其需要对审判的产生、本质、价值、发展规律等一系列重要理论问题，给出历史唯物主义的回答，阐明审判改革发展的正确途径。本书试图顺应改革时代要求，运用历史唯物主义原理对审判活动及其改革实践进行总结升华，探索中国特色的历史唯物主义审判哲学，为审判改革发展提供科学的审判观、方法论。要阐述法院审判哲学，首先要揭示法院审判哲学的来源、对象和性质、研究方法和意义。

第一节 法院审判哲学的来源

法院审判哲学来源于丰富的审判及其改革实践。1988 年，按照最高人民法院审判方式改革的要求，全国各级人民法院先后实行"一个公开、三个为主""一个重心、三个强化""一步到庭"等改革措施。这些措施将传统的深入基层调查取证的"两便"审判方式改变为公开审判，从而极大地推进了审判发展。但是，法官在法庭上只有权审理却无权裁判，若不从审判组织、人事和物质保障制度方面着手，审判方式改革难以取得重大突破。

法院审判哲学有丰富、深刻的理论来源和根据。1995 年中共中央要求全党系统学习邓小平理论，特别强调不能只是学习一般结论，而要学习邓小平分析、处理问题的立场、观点、方法。邓小平关于首先必须弄清楚社会主义本质的论述，给笔者很大启发。同理，如果连什么是审判方式都不清楚，法院如何改革？带着这一问题，笔者联系改革生产关系、解放农业生产力、解放工商业生产力的成功经验，反复研读了历史唯物主义关于社会存在决定社会意识、生产力和生产关系、经济基础和上层建筑的矛盾运动规律等原理，深入反思长期以来审判方式改革的成败及其原因，惊喜地发现：第一，某一时代的生产方式决定着该时代的审判方式的性质、价值取向及其实现途径。第二，审判方式也可以分为审判力和审判关系，两者之间的关系犹如生产力和生产关系，其矛盾运动是审判改革发展的根本动力。法院内部的审判关系和司法行政犹如经济基础和上层建筑，其矛盾运动也是审判改革发展的动力。第三，审判方式改革，最根本的是改革不适合审判力的审判关系，改革不适合审判关系的司法行政，最终解放和发展审判力。其核心是如何科学合理地调整、配置审判权，理顺审判主体与相关人员的关系。1979年中共中央64号文件取消党内审批案件制度，实质是审判权运作的重大改革。以此为标志拉开了审判方式改革的序幕。第四，公正是审判的本质，公开是实现公正的唯一途径，只有审判组织行使审判权才能实现真正的公开。审判组织人事改革必须围绕这一基本脉络展开。

根据上述思路，笔者所在的高密市人民法院进行了两项重大改革。第一，着眼审判人员素质参差不齐，审判主体、法律关系、案件情况等审判力要素复杂多样的实际，实行主审法官制。依法因人、因庭、因案制宜配置审判权，根据公开审判专业分工的需要，初步探索实行了分类人事管理制度。第二，主审法官在法庭上行使审判权力，暴露了当事人所举证材料不充分、质量差，影响当庭拍板定案的问题。为此，于1996年实行了庭前准备制度。

诚然，受认识水平和历史条件所限，这两项改革还很不完善，但仍有可圈可点之处。一方面，据笔者初步了解这两项改革在时间上是全国最早的，经过几十年的实践验证，权力配置改革和庭前准备改革是两项根本性的措施，其基本思路和做法是科学的；另一方面，更为重要的是这两项改革不是单凭经验，也不是简单模仿别人的做法，而是能动地、自觉地运用历史唯物主义原理和审判规律，与审判方式改革实践紧密结合的产物。因此，笔者萌发了创立法院审判哲学的念头。

在总结高密市人民法院两年多的审判改革实践基础上，笔者主持撰写了《探索审判哲学理论，推动审判方式改革》一文，于1997年受特邀出席了天津市高级人民法院召开的审判方式改革会议。后又撰写了《建立审判哲学理论，指导审判改革实践》一文，发表在《山东法学》（现《法学论坛》）。当时欲写成书，但总感积累不够、知识匮乏，加之笔者又于1998年1月调离高密市人民法院，从事相关探索的实践活动逐渐减少，因此，图书出版之事便被耽搁至今。

又经过二十多年的不间断学习、观察、实践、研究、积累，特别是党的十八届三中、四中全会作出加快全面深化改革和依法治国的重大决策，继而又号召全党全国用历史唯物主义作为看家本领和深化改革的强大思想武器。最高人民法院也出台了法官员额制等一系列重要举措，使法院改革向前迈出了坚实的步伐，令人欣喜、催人奋进。这些重燃了笔者写作的热情。

综上所述，根据审判改革实践需要探索审判哲学理论，继而以理论指导推动改革实践，又经过审判改革实践检验证明其正确性。这就是法院审判哲学的实践来源。历史唯物主义和关于审判规律的理论是法院审判哲学的理论来源和根据。1998 年元旦《人民法院报》约稿，笔者的献词是"探索中国特色社会主义法院改革发展之路"。总之，创立法院审判哲学，探索中国特色社会主义法院改革发展之路是笔者的中国梦！

第二节　法院审判哲学的对象和性质

审判是古老而又复杂的社会历史现象。法院审判哲学是透过古今中外纷繁复杂的审判现象揭示其本质和规律。要正确认识法院审判哲学，必须先弄清楚其对象和性质，以找准入门之处。

一、法院审判哲学是研究审判本质及其一般规律的学科

哲学是认识整个世界的学问，世界分为若干领域和层次，因研究对象不同划分为若干部门哲学。研究自然界、人类社会和思维领域本质及其一般规律的分别是自然哲学、人类社会哲学和思维哲学，研究人类社会领域中法律本质及其一般规律的是法哲学，研究法律领域中的立法、行政和司法的本质及其一般规律的分别是立法哲学、行政哲学和司法哲学。审判是狭义司法，为避免与广义司法相混淆，本书使用"法院审判哲学"而不使用"司法哲学"。因此，法院审判哲学是研究审判本质及其一般规律的哲学部门学科，亦即应用哲学。

（一）研究与审判相关事物的关系

事物是普遍联系的。哲学的功能作用就在于通过揭示事物之间的联系把

握本质和一般规律。如果孤立地研究事物自身规律势必陷入形而上学之怪圈，从而迷失方向。法院审判哲学主要研究审判与经济、行政等之间的关系。

第一，经济基础决定上层建筑是历史唯物主义基本原理。法院审判哲学作为人类社会哲学之下的法哲学的分支学科，如果只停留在这一原理上就失去了自身功能作用。必须具体、深入地回答经济是如何决定审判的，审判又是怎样反作用于经济的。审判的产生、发展、消亡，审判的本质、价值及其实现方式、发展规律等都是由经济决定的。审判必须采用适合经济基础的方式才能促进经济发展。因此，不研究审判与经济的关系，只从自身寻找本质规律必然陷入唯心主义，就不会有科学的法院审判哲学。

第二，审判之所以从行政母体中分离出来，是因为审判与行政有着完全不同的性质、功能和发展规律。如果不探索、不承认、不遵循审判不同于行政的特殊规律，审判就失去了其存在的意义。然而，审判发展要依赖行政。保障监督审判的是司法行政。审判的去行政化，就是要将审判中的司法行政分离出去还给行政。审判与母体藕断丝连，仍有着千丝万缕的联系。同时，行政外部关系极其复杂，内部关系相对简单；审判外部关系相对简单，内部关系极为复杂。审判从行政母体中分离与司法行政从审判母体中分离的过程都是复杂、漫长和痛苦的。行政、审判、司法行政三者之间相互依存、相互渗透、相互促进、相互制约，各自规律特点难以分清。行政与审判、审判与司法行政混淆谓之政审混淆，使得审判关系更加复杂。总之，不研究、不厘清审判与行政、司法行政的区别与联系，就无法揭示审判的本质规律。

（二）研究公开审判规律

客观规律是事物内部各个部分之间的关系，研究外部关系是为了正确揭示内部关系。因此，法院审判哲学研究与经济、行政等关系的目的是正确揭示自身本质规律，内部关系是法院审判哲学的主要研究对象。

第一，独立的事物才有自身特有的本质规律。迄今为止，在审判发展史上只有公开审判是独立形态的方式。政审合一的审判方式带有审判的某些特性，但其依附于行政本质规律不具有审判的本质属性。公开审判并非简单的形式"公开"，而是程序形式与实体内容相统一的"公开"。因此，研究政审合一的审判方式是为了更好地揭示公开审判规律。研究形式上的公开审判方式是为了使其提升为与内容相统一的公开审判方式。

第二，实体与程序统一的审判方式，是指通过在法庭上审判解决实体纠纷。公开审判依赖审判组织行使权力，必须将司法行政职能人员从审判中分离出去，避免政审混淆，使审判组织独立自主地按照审判规律行使审判权，当庭解决纠纷。因此，审判哲学研究庭上庭下的司法行政规律的目的，在于怎样通过公开审判规律揭示审判组织在法庭上行使权力解决纠纷的规律。

第三，审判组织在法庭上的审判活动并非都是审判哲学研究的对象。一是各类案件或者每个案件都有其特殊的法庭调查、辩论、最后陈述、宣判等审判规律。这些特殊规律是诉讼法学等审判法学研究的对象。审判哲学是将审判活动看成整体，研究全部案件的一般规律。二是法庭上体现了两种社会关系。一种是审判组织与当事人等诉讼参加人之间的外部关系；另一种是审判组织与书记员、法警以及庭下相关人员的内部关系。前者是诉讼法等审判法学研究的对象，后者是审判哲学研究的对象。

（三）研究公开审判保障监督规律

司法行政的职能是保障监督审判，两者是鱼水关系。鱼离不开水；鱼水各有自身规律不能混淆；研究水是为了更好地养鱼。公开审判不同于政审合一的审判方式，必须充分、有效地保障监督。没有司法行政的监督，审判无法进行；没有审判的司法行政则失去存在的意义。审判与司法行政各有规律不能混淆。政审分开不仅使审判组织按照审判规律履行职责；同时，也使司法行政人员按照司法行政规律履行职责。政审混淆违背了两种规律，同时削弱、破坏了两种职能。政审分开的目的在于建立对审判的保障监督。政与审是既分立又有机结合的统一整体。因此，研究保障监督规律才能更深刻地揭示公开审判规律。

总之，审判犹如一棵参天大树，经济是沃土，审判是树根和树干，司法行政是末枝和树叶。审判哲学的研究对象是审判及其司法行政的本质和一般规律。

二、法院审判哲学是关于审判观和方法论的学问

审判哲学不是套用哲学现成的答案去解释审判，而是运用哲学原理对纷繁复杂的审判现象加以观察、分析、加工、提炼，以将其升华为系统化、理论化的审判观和方法论。

所谓审判观，是人们对审判的产生、发展、本质、特征、价值及其内在矛盾规律等总的看法和根本观点。例如，审判的本质和价值是什么，审判与经济的关系是怎样的，审判的内部矛盾关系及其运动规律是怎样的等，都属于审判观的范围。这些是在审判活动中产生的基本问题，必须弄清楚以树立科学的审判观。可见，审判哲学是一门关于审判观的学问。

认识审判规律要有思想方法，解决审判问题要有工作方法。这些思想方法和工作方法是审判观在人们认识和解决审判问题时的具体运用。因此，审判观同时又是方法论。审判遇到的问题是极为复杂的。审判哲学提供了认识和解决审判问题的普遍方法，系统化的方法就是方法论。审判观与方法论是密切联系的，是同一哲学理论的两种功能。审判的根本观点是审判观，用这样的观点认识、解决问题是方法论。有什么样的审判观就有什么样的方法论。当审判哲学为人们认识审判、解决审判问题提供审判观指导时，也同时提供了方法论指导。例如，公正是审判的本质和价值，只有公开才能实现。于是人们按照这一审判观的科学观点，分析论证如何实现公开审判。

审判哲学又被称为审判观、方法论，但其并不是将某些支离零碎的审判理论观点机械相加，也不是对审判的某一方面系统的理论概括，而是把审判看作一个独立完整的系统，将审判的一系列科学概念、观点、理论、原则，按照内在的逻辑关系整合起来，对审判是什么、审判为什么、审判怎样做作出全面、准确、完整的阐发、回答。只有达到系统化、理论化的状态才能称得上是审判观、方法论。本书揭示了审判的本质，回答了审判是什么；揭示了审判的价值体系，回答了审判为什么；揭示了审判机关内部矛盾运动规律，又回答了审判怎样做。从理论上系统地阐发了审判全部重大问题，构成了完整的审判哲学理论体系。

三、法院审判哲学是历史唯物主义的分支学科

审判观、方法论只是揭示了审判哲学的哲学性质。然而，哲学有多个流派。作为部门哲学还要进一步回答审判哲学社会性质的归属。

在人类社会哲学中，以社会存在与社会意识的关系为标志，划分为历史唯物主义和历史唯心主义两大流派。主张社会存在第一性、社会意识第二性的是历史唯物主义，主张社会意识第一性、社会存在第二性的是历史唯心主

义，没有第三种选择。历史唯物主义是辩证唯物主义在人类社会领域的运用。马克思、恩格斯不仅创立了辩证唯物主义和历史唯物主义，还创立了历史唯物主义法哲学。本书所阐发的审判哲学是历史唯物主义法哲学的组成部分。因此，是历史唯物主义的分支学科。

按照历史唯物主义的根本要求，审判哲学着力探索了经济是如何决定审判的；具体揭示了从审判的产生到审判的发展都是由经济决定的；商品经济不仅造就了无数市场主体和商品交换，同时还造就了大量诉讼案件；经济不仅决定着审判的本质、价值，还决定着实现价值的审判方式。因此，经济决定审判是审判哲学的基石，没有这一基石，审判哲学理论大厦将会坍塌。

历史唯物主义认为，生产力和生产关系、经济基础和上层建筑这两对基本矛盾是推动社会主义社会发展的根本动力。据此，审判哲学揭示了审判力和审判关系、审判关系和司法行政两对基本矛盾是推动法院发展的根本动力。如果说，历史唯物主义是社会主义改革发展的强大思想武器，那么，作为历史唯物主义的审判哲学就应该是社会主义审判改革发展的强大思想武器。

第三节　法院审判哲学的方法

前两节告诉我们审判哲学的实践和理论来源，找准了研究对象和目标。还必须综合运用一系列科学思维方法，进行加工、制作，才能形成历史唯物主义审判观、方法论。

一、马克思主义哲学方法

审判哲学作为哲学的部门学科，不是从法学视角用法学方法研究审判，而是从哲学视角，用哲学方法研究审判。马克思主义哲学是研究自然和人类社会的科学世界观、方法论，必须正确研究、运用它才能使审判哲学成为科学。同时，审判哲学本身是马克思主义哲学的分支，全面系统地运用马克思主义哲学，也是检验审判哲学性质归属和是否构成完整的科学理论体系的重要标志。主要有以下几个方面：

一是运用物质决定精神、社会存在决定社会意识的原理，找到了审判哲学的基石和开启独立行使审判权大门的锁钥。这是解决一切审判哲学问题的根基。

二是运用普遍联系原理将审判看作一个系统，放在法系统中考察与立法、行政的区别、联系。又将其系统内部的审判组织、审判程序、审判力、审判关系、司法行政等子系统加以区别，阐明它们内部、外部的联系，注重各个层次系统内部结构的合理性，使审判的本质、审判的价值、审判的发展三个方面各成系统，又构成一个完整的理论体系。

三是运用对立统一规律揭示了一系列矛盾关系。例如，公正与公开，实体与程序，中立与被动，本质与价值，价值需要与价值实现，审判力与审判关系，审判关系与司法行政，发展方法与保障制度，保障与监督，等等。

四是运用本质与现象原理阐明了审判、司法行政等复杂事物的本质与现象的关系。例如，审判是最重要的概念，其本质与现象关系关乎整个理论体系能否成立。同时，现象呈现多层次、多侧面的纷繁复杂状态，用了近万言加以阐明。由此，又进一步弄清了审判特征、价值等一系列重大疑难问题。

五是运用因果关系原理解决了一系列难题。例如，公正实体与公开程序互为因果关系。公正实体结果要公开，其产生的原因也必须公开，使两者统一。如果实体结果是公正的，但其产生的原因不公开，而使两者未统一，也不是公正审判。

六是运用内容与形式的原理解决了一系列相互作用的问题。例如，实体与程序、审判力与审判关系、审判关系与司法行政。内容决定形式，形式反作用于内容。当形式适合内容时，会促进内容发展。否则，就会阻碍内容发展。

七是运用社会基本矛盾原理，发现了法院内部的基本矛盾运动规律。

八是运用辩证逻辑方法，创制了一些新的科学概念和理论系统。例如，借鉴规模效益经济概念，创制了规模审判力，又经过判断、推理创制了公开规模、规模法院，为法院及内部机构设置和建设发展提供了科学依据。再如，公正、公开、法官、中立、被动等法学理念，若处在支离零碎状态就会缺乏科学性，经逻辑推理将其合成审判构成理论系统后，就产生了整体功能作用。

九是运用价值论原理探索阐明了审判、司法行政、法院等价值主客体关系、价值需要和实现途径。

十是运用人民群众创造历史和共性寓于个性之中的原理阐明了用特殊的公开审判方式，实现向党、国家和一般的人民群众负责与作为当事人的特殊人民群众负责的一致性。

二、经济及其他方法

一是学习、借鉴经济方法概括了公开规模、两次大分工、审判流水线概念。以当事人价值需要为导向设置机构、建立审判流水线、审判全面质量管理（TQC）等制度。

二是运用划分方法使事物的概念更加精确。例如审判这一概念，首先与广义司法划分开来。然后，又与法院内部审判程序、庭下司法行政、庭上司法行政、法官助理职能等划分开来。

三是运用比较的方法厘清了许多相混淆的概念。例如，审判与其行政母体的关系千丝万缕、藕断丝连。从本质到特征、价值、工作程序方式等进行了一系列比较，使审判概念更加清晰、科学。

四是运用数学的方法使抽象、模糊的事物简明、直观、形象。例如，将审判权力以及司法行政从权力运行、保障制度、发展方法四个方面进行量化，以确保准确、科学、对称。

五是运用类比推理方法发现了审判程序与飞机飞行惊人的相似。公开审判活动犹如一部激动人心、美妙动听的飞行交响曲。天平与飞机形象、深刻地揭示了公正实体与公开程序辩证统一之精髓。由此可得出以下启示：第一，飞行规律比较直观，易于被人们认知和遵循。违背飞行规律会出事故；审判规律潜藏在冰山之下，难以被人们认知和遵循，对错、成败的标准难以达成共识。第二，公开如航线，法官如飞行员，法官独立与中立如两翼，被动如尾翼，缺一不可。飞机前后正直与左右平衡有机结合，才能在正确航线上平稳飞行。法官在被动中保持独立与中立的平衡，才能实现公开审判，使当事人感受到公正。第三，专业分工才能有效保障监督。飞机依靠地面保障才能进行安全的飞行。机械师、气象师等各类专业人员，都要有明确的保障监督意识，质量是生命的意识，一丝不苟，只要有一点马虎就可能导致机毁人亡。司法行政人员也必须具有这些意识，才能实现自我价值。第四，人员必须分类。飞行员以及机械师等各类专业人员都要专门培养、使用、管理，不能混用。法院人员分类化才符合公开审判专业分工规律。第五，犹如公正与公开的统一，天平与飞机也有必然的内在联系。天平固定是静态的公正，飞机是动态的公正。两者的统一性在于，天平上下正直与左右平衡整合协调，显示出审判动态的程序公开。天平放倒变为动态的公开程序，飞机立起变为静态的公正实体。总之，公正是实体的公开，公开是程序的公正。

第四节　法院审判哲学的意义

法院审判哲学是历史唯物主义在审判领域的成功运用。从审判的产生、发展以及与相关事物比较鉴别中揭示了审判的本质、特征和价值；从经济与审判的关系中揭示了经济决定审判本质、价值及其方式；从审判力和审判关系、审判关系和司法行政矛盾运动中揭示了法院内部一系列复杂关系和发展原因，从而形成了科学的审判观、方法论。法院审判哲学对推动审判改革、做好审判工作，都有重要、深远的理论和实践意义。

一、在审判领域验证了历史唯物主义的科学性

历史唯物主义揭示了人类社会本质和一般规律，是唯一科学的社会历史观。同时，历史唯物主义是开放性的，需要创立人类社会各个不同领域的部门哲学，从而更加广泛、深入地验证其科学性，使之不断增添新鲜内容而丰富发展。审判哲学在历史唯物主义的指导下，探索、揭示了审判本质和一般规律，从而在审判领域中验证了历史唯物主义的科学性，为历史唯物主义理论大厦增砖添瓦。

（一）从揭示审判本质看历史唯物主义的科学性

审判本质深藏在纷繁复杂的现象背后。审判本质又是极其重要的，决定着审判特征、价值和发展规律。仅从审判自身或者精神领域探寻会陷入历史唯心主义，必然引起理论和实践上的混乱。审判哲学遵循历史唯物主义社会存在决定社会意识原理，通过深入考察审判与经济的历史联系，不仅揭示了审判的产生、发展都是由经济决定的，而且当事人的价值需要、审判的本质、价值和发展规律也都是由经济决定的。从而找到了决定审判本质的根本原因，

使其建立在深厚、坚实的基础上，解决了一系列基本理论问题。

（二）从揭示实现公正的审判方式看历史唯物主义的科学性

经济不仅决定审判本质，还决定着实现公正的方式。公开是实现审判公正价值的唯一方式，某一时代的生产方式决定该时代的审判方式。生产方式"生产"审判方式。市场经济创造了无数市场主体和商品交换；同时，产生了大量诉讼案件，正是足够数量的案件使审判力达到公开规模。达到公开规模的"大审判"才有可能建立与大生产流水线相适应的审判流水线，形成完善的公开审判。小生产时代只能是"小审判"，不可能形成完善的公开审判。

（三）从揭示审判机关内部矛盾看历史唯物主义的科学性

历史唯物主义揭示了生产方式内部生产力和生产关系的矛盾，以及由生产关系构成的经济基础和上层建筑的矛盾是人类社会发展的根本动力。在此理论指导下，社会生产关系决定了审判力的公正性质和公开规模，这种审判力状况决定了法官制审判关系；这种审判关系状况决定了司法行政高质量保障监督。司法行政一定要适合审判关系状况，审判关系一定要适合审判力状况。从而具体、深入地回答了作为上层建筑的审判如何适合经济基础，揭示了审判力和审判关系、审判关系和司法行政两对矛盾是审判方式乃至整个审判机关发展的根本动力。

二、为审判改革提供了科学的审判观、方法论

法院基本矛盾运动贯穿审判发展始终。改革是法院基本矛盾运动的结果，是审判发展的直接动力和永恒的主题。改革又是极为复杂的系统工程，因而必须要有完整的理论体系来指导。审判哲学为改革提供科学的审判观、方法论，为改革指明了正确途径。

（一）阐明了经济是审判改革的决定因素

审判哲学告诉我们，仅明确审判改革是法院基本矛盾运行的结果是不够的，还要具体弄清楚根本原因才能保证改革的正确方向。

第一，改革是经济发展的结果。计划经济中生产关系简单，诉讼案件少，当事人需要效率，"两便"审判方式适合当时经济状况。市场经济推动生产力迅猛发展，使生产关系中的生产、交换、消费、分配领域日趋复杂，规范社会关系的法律大量出台，诉讼案件大量增加，当事人公正需要日趋强烈，显

然，"两便"审判方式已不适合市场经济状况。社会形势发展要求改革实行公开审判方式。

第二，改革要适合经济状况。既然审判改革是经济发展使当事人需要变化引发的，那么，改革的基本方向就要根据经济状况确定。我国处在社会主义初级阶段，各地区经济发展不平衡，必须实行"一院两制"。在经济发达地区有必要也有条件实行公开审判制度；在经济欠发达地区无必要也无条件实行公开审判制度，而实行"两便"审判制度。因此，审判改革主要发生在经济发达地区，而不是经济欠发达地区。

（二）明确了审判改革的目标任务

审判哲学告诉我们，生产力、生产关系、社会关系、审判力、审判关系、法院司法行政、国家司法行政、国家立法和党的领导九个环节要彼此适合。改革就是变革不适合的方面。党领导法院改革必然根据生产力状况制定政策，要求立法、行政和法院按照审判规律制定、完善法律、法规和制度适合审判关系，解放、发展审判力；适合生产关系，最终解放、发展生产力。这就为正确确定改革目标任务指明了方向。

第一，审判改革目标。公正与公开统一是审判哲学的精髓。当事人公正解纷的价值需要只有公开审判制度能够满足。我国几十年审判发展证明，公开审判决定牵动着全部法院工作，法院取得的成绩主要得益于公开审判制度；法院存在的问题主要原因是公开审判制度不完善。因此，审判改革目标是完善中国特色社会主义公开审判制度。

第二，审判改革具体任务。"两便"审判是政审合一，不需要也不可能有完善的司法行政。公开审判却依赖司法行政充分、有效的保障监督。法官独立、中立、被动的审判关系才能使审判力要素有机结合、公正解纷。审判关系决定司法行政必须实行规模化组织、分类化人事、人文化物质和统一化体制等保障制度。因此，审判改革目标任务是逐步建立、完善"四化"保障制度以完善公开审判制度。

（三）明确了审判改革的方法、途径

审判哲学认为，分工是两对基本矛盾运动的中介和助推器，是审判方式形态的重要标志。第二次大分工是司法行政从审判中分立，国家司法行政从法院中分立。分立才能合成新的审判制度。分与合是实现目标任务的主要方法、途径。

第一，公开审判制度是在分与合中产生、发展的。我国审判制度改革起步于政审合一的"两便"审判。公开审判制度伴随简单分工，在法庭上设置书记员、法警职能而建立；伴随较多的机构、职能从审判中分与合而发展；最终在发展过程中产生了部分质的飞跃，脱离了"两便"审判。如果不政审分开解决政审合一、政审混淆的问题以合成、建立保障监督制度，就没有今天的公开审判。可见，政审分与合是审判改革的主要成功经验。

第二，分与合是审判改革的主要方法、途径。当下完善公开审判及其保障制度的主要障碍仍然是政审混淆。因此，分与合是审判改革有效的方法、途径。分与合是互相依存、促进、制约的。改革是长期、复杂的。在分与合中要注重质与量的变化规律，分清轻重缓急，做到先急后缓、先易后难、统筹兼顾，力求整体成功。

三、为审判工作提供了科学的审判观、方法论

完成党和国家赋予的审判职能任务，不仅要有一定的马克思主义理论修养，坚持社会主义方向，还必须掌握、遵循审判规律。审判哲学为正确实施公开审判及其保障制度、实现公正解纷提供了科学的审判观、方法论。

（一）为审判工作探明了方向

做好审判工作首先要明确为了谁、为什么的问题。否则，会迷失方向。审判哲学阐发的客观价值理论有效地解决了这一问题。

第一，确立了为当事人公正解纷的价值取向。审判价值取向是经济决定的满足当事人公正解纷需要。这一唯物主义客观价值理念与唯心主义主观价值理念划清了界限，澄清了许多模糊认识。为当事人公正解纷是法院审判工作的价值追求，是党、国家和人民群众对法院的最高要求和期待。

第二，为司法行政工作指明了方向。公正解纷是法官与每位司法行政人员的共同价值追求。司法行政可以高质量保障公开审判、公正解纷。每位司法行政人员高质量履行职能就实现了司法行政的价值。组织规模化、人事分类化、物质人文化、体制统一化是公正解纷为司法行政工作指明的正确方向。

第三，确立了为简易案件当事人高质量解纷价值取向。简易案件在经济发达和欠发达地区都会大量产生，其当事人地位关系与普通案件相同，价值

需要却有根本不同，解决难度较小却不容忽视。简易案件当事人高质量解纷需要划清与普通案件的界限，这对于正确解决简易案件纠纷具有重要意义。

（二）确立了审判工作的正确方法、途径

第一，公开审判。公开审判并非简单的在法庭上审理判决结案就能公正解纷。当事人实体纠纷的公正解决是公正实体与公开程序统一的结果，两者统一是法官置身于公正人文环境中，独立、中立、被动地行使权力，使审与判有机结合，按照纠纷形成、解决的规律，在法庭调查、辩论、最后陈述、宣判等阶段依次解决证据、事实、法律和请求事项等全部实体纠纷中实现的。公正与公开相统一的审判是公正解纷的正确方法途径。

第二，"两便"审判。"两便"审判是解决简易案件纠纷的有效方式，不可替代。在新形势下要加以规范、完善。同时，在两类案件交织的法院要建立衔接机制。

第二章　审　判

辩证唯物主义认为事物的内部关系决定其生存发展。认识审判就要遵循系统论原理揭示内部的整体本质、个体（要素）、结构及其相互之间的关系。这是审判哲学的首要任务。

第一节　审判的本质

审判的本质是根本属性，是区别于其他事物的标志。正确揭示审判的本质会使其他所有重大问题迎刃而解。审判是极其久远、极其复杂的社会历史现象，其本质隐藏在纷繁复杂的现象背后，要透过现象从多角度、多层面，进行深入比较分析，去粗取精、去伪存真、由表及里、由此及彼，才能准确把握。

一、什么是审判本质

世界是由无数系统组成的。审判自成系统，又存在于一个更大的系统之中。在法治国家里，审判（司法）与立法、行政统一于法的系统。审判是法的产物，没有法就没有审判，把审判置于法的系统内加以考察才能更加简明、准确。

（一）判断不是审判本质

迄今为止，笔者所看到的论文、专著对审判的本质大都定义为"判断"。判断作为一种思维方式，从逻辑思维的角度来描述审判的某种特性是可以的。但是，用以揭示如此深刻、丰富的审判本质，是远远不够的。第一，从语义上看，审判可以分解为审理和判决。判决本身带有判断、决定的意思，用相近而又相通的判断一词定义审判本质，似显不妥。第二，从哲学上看，远不符合上述"本质"的特性。首先，立法、行政工作中也有大量判断，判断并没有揭示出审判与立法、行政的根本性质的区别。其次，判断无法表明如何决定审判的存在、特征、价值和发展方向。最后，判断也无从揭示审判赖以产生、发展的深刻的社会历史根源和经济根源。

（二）公正是审判的本质

什么是审判本质呢？是"公正"！公正最简明、最充分、最准确地概括了审判的根本属性。第一，从语义上看，公正是公平、正直的意思，用以表述对两造之间的争讼进行裁判活动的本质恰如其分。第二，从哲学上看，完全符合上述"本质"特性。首先，立法的本质是民主，行政的本质是效率。公正恰好揭示了审判（司法）与它们的根本区别。其次，在以后的论述中将会证明，"公正"不仅决定着审判的内部关系，还决定着作为审判载体的法院内部的矛盾运动。

二、从诉讼程序看审判的公正本质

探索审判本质的理性思考建立在丰富的感性认识基础上才是可靠的。因此，要透过司空见惯的诉讼程序作深入分析。

（一）透过当事人特点看公正本质

历史唯物主义认为，人民群众是历史的创造者。人民法院必须牢固树立以人民为中心、向广大人民群众负责的理念，这是党和国家赋予法院的神圣使命。然而，共性寓于个性之中。法院面对的绝大多数当事人是特定的人民群众。如果法院仅研究、遵循向一般人民群众负责的规律，不注重运用特殊的审判规律向当事人负责，就会背离向人民群众负责的原则，也辜负了党和国家的期望。因此，法院必须研究、遵循特殊的公正审判规律，才能实现向特殊人民群众负责与向党、国家和一般人民群众负责的一致性。

当事人是诉讼程序的启动者。审判的价值就在于解决当事人争讼。当事人特点及其需要，是研究审判本质及其发展规律的逻辑起点。从每天发生的数以千万计形形色色的诉讼案件中，可以看出一个最简单、最普遍的现象，也是与立法、行政相比较最显著的特点。诉讼当事人都是原、被告双方（有独立请求权的第三人属例外），是两造之间的实体利益之争。这种争讼通常是含混不清的，当事人之所以诉讼是认为自己的实体利益受到侵害，需要通过审判澄清是非曲直保护自己的利益，其需要的就是"实体公正"。审判是法院、法官通过审理、裁判，给双方当事人一个公正结论。显然，公正本质得以凸现。只有公正的审判才能满足当事人双方争讼的实体需要，也才会有效地解决争讼。因此，公正本质是诉讼当事人特点及其实体需要决定的。客观世界有许多类似现象。例如，足球场上的裁判员，也在面对双方激烈的对抗，如果不是公正的裁判，足球赛是无法进行的。但这种现象是法律系统之外的。

（二）透过程序看公正本质

当事人的实体权益是通过程序保护的。透过程序看审判本质，要先将程序划分为庭审程序和庭前准备程序。根据当事人诉请，在准备程序中要受理所管辖的案件。再根据当事人的举证情况，运用查证、鉴定、保全、搜查、勘验、勘查等多种措施收集证据材料，进行整理、交换证据材料及庭前调解等大量准备工作。如果由法官实施准备程序必然引起混乱。一是准备程序失去了正确方向。准备程序的目的是保障庭审程序正常进行，其好与坏标准不在自身感受，而在于法官庭审时的感受。准备程序应向庭上的法官负责，不能向行政上级负责。退一步讲，向上级负责也是为了更好地向法官负责。二是混淆了审判本质。如果将准备程序当作庭审程序由法官实施，那么准备程序的本质也是公正。然而，准备职能属司法行政性质，是保障审判的行政工作。显然，两种程序是有根本区别的。

庭审程序之所以能正常进行，是因为有准备程序。假设没有专门人员从事庭审准备工作而由法官完成就是庭审程序了。庭审程序的功能在于，对双方当事人举证、质证进行认证，澄清是非曲直，作出正确裁判，使违法侵害一方受到制裁，使合法一方的实体权益受到保护，使深藏在庭审程序中的公正本质得以显现。

三、从审判的历史发展看公正本质

审判是伴随几千年人类社会文明历史产生和发展的，因此，要准确把握审判本质必须了解其历史发展轨迹。

效率是人类赖以产生、存在和发展的根本条件。原始社会下，人们生产的产品仅能维持基本的生存，大家都是同样的生产劳动者。随着生产力的发展，有了剩余产品。人们发现设置生产和社会事务管理保障人员，要比大家都直接从事生产劳动效率更高，这就产生了原始的行政。可见，行政是应效率而生，为效率所用的。随着私有制、阶级、国家与法的产生，为了维护国家统治，提高社会管理和生产效率，奴隶制国家设置了远离生产的行政机关和人员专门从事社会管理。与此同时，依照法律处理各种纠纷（包括犯罪）的审判就产生了。

奴隶社会的神明裁判方式，将裁判权力交由神来行使。当事人胜诉败诉全凭神的"偶发"的"意志"断定。一方面，在当时的经济、政治、文化背景下，当事人尚能接受。统治者采用这种被大家普遍认为"公正"的方式，有利于纠纷的解决、社会稳定和奴隶主统治。因而，是具有历史作用和进步意义的。另一方面，神明裁判不依据事实证据定案，而是采用赌命、赌残等极其残暴的方式按神的意志裁判。因而，这种所谓神的"公正"是极其野蛮、愚昧和荒谬的。

封建社会初期，人们逐步认识到神明裁判的荒谬，纷纷予以废除。为了让人们感受到审判的公正性，各国实行了很多适合本国国情的审判方式，使审判权回到了人的手中。国家公权追诉严重犯罪，使追诉权与审判权合二为一，从中央到各级地方政府，由行政长官兼理审判。此种方式审判规模较小，缺乏保障监督措施，胜诉败诉主要由个别行政长官拍板定案，公正与否完全依赖于执掌审判权长官的素质高低。因此，在绝大多数封建国家中，审判的公正通常表现为人的"公正"，或者说半似科学、文明，半似愚昧、野蛮的"公正"。

在漫长的奴隶社会和封建社会，由于世界各国经济、政治、文化的差异，审判方式各有不同。但是，政（行政）审（判）合一都是相同的。这时的审判虽然带有一些公正性，但是忽明忽暗，时隐时现，审判还没有自己的本质可言，其归属于行政。

资本主义国家之所以将审判从行政中分离出来，不仅要考虑建立科学的国家权力制衡机制，而且，更要权衡社会纠纷由谁处理，怎样处理更为有利。一是公平竞争主导商品经济。其迅猛发展使纠纷大量增加且日趋复杂，当事人对公正的需要与日俱增。如果不妥善处理必然影响社会稳定、法治建设，特别是会破坏资本主义赖以产生、发展的私有制商品经济。二是政审合一的体制使普通当事人无法与国家当事人争讼，普通当事人在诉讼中完全处于劣势，难以保护自己的合法权益，也就没有公正可言。三是由行政机关用高效率的行政方式审判也难以实现公正。于是国家通过立法将审判从行政机关中独立出来，按照自身发展规律设定审判方式。显然，这时的审判完全是应公正而生，为公正所用的。这才有了完整意义上的审判的独立存在，也才会有其独特的公正本质。其审判制度健全完善，可谓制度的公正。四是资本主义国家是产生在私有制经济基础上的资产阶级统治。审判制度也是为了维护统治者的利益。这种制度公正具有极大的历史局限性。可见，完整意义的审判产生于资本主义国家，并非产生于奴隶制国家。

公正审判是商品经济发展的产物，不是资本主义社会特有的。社会主义发展商品经济也需要公正审判。虽然公正审判水平不能超越经济发展水平，但是社会主义国家代表最广大人民群众的根本利益。在同等经济发展水平下，社会主义审判的公正性要比资本主义更加深入、广泛、真实。在社会主义初级阶段大力发展市场经济必须实行公正审判。在坚持社会主义方向前提下，借鉴资本主义公开审判制度科学、有益的部分，加快我国公开审判制度改革发展。

社会主义使人民群众在物质上共同致富，也在精神上共同提高素质，信仰、理想、价值趋向一致，必然使业已成熟的公正审判制度发生重大变化。纠纷案件在数量上逐步下降，在性质上也必然有大的变化，故意违法形成的纠纷案件逐步下降，"过失违法"形成的纠纷案件比重逐步上升。在审判中法律强制作用逐步弱化，文化教育作用逐步强化，提高当事人素质逐步成为审判价值内容。公正解纷与提高素质互为目的和手段。"制度公正"逐步向"教育公正"升华。高级的社会主义审判方式是最高形式，其发展趋势是走向消亡。

四、公正本质归根结底是经济决定的

经济决定审判是整个审判哲学理论体系坚实的基石。经济不仅决定审判本质及其发展规律，还决定着实现公正的审判方式。因此，研究审判的本质，必须进一步深刻揭示审判与经济的关系，这是历史唯物主义的根本要求。

（一）经济是开启独立行使审判权大门的锁钥

审判制度作为法的子系统，首先直接决定于法是毋庸置疑的。但是，法不是决定审判的根本原因。历史唯物主义告诉我们，法产生于经济，发展于

经济，并反作用于经济。

国家立法的目的在于实施。法在审判中的正确实施，首先要制定具有组织性、程序性的法律。规定审判机构、职能的设置，人员、物质的配备，以及采用什么方式进行审判。这些组织性、程序性的法律可以统称为审判制度。审判制度的制定必须遵循审判规律。然而，仅从审判制度立法或者精神领域理解审判规律会陷入历史唯心主义，必然使审判制度立法迷失方向。因此，探索审判规律必须到经济中寻找答案。

依法独立行使审判权的规律是极其丰富的。按照历史唯物主义要求，从经济与审判的关系研究，并不是说经济学中已有现成答案，而只是开启了独立行使审判权的大门。沿着这条正确途径，运用科学方法探寻经济和审判的必然联系，才能弄清经济是怎样决定审判的，如何制定审判制度才能促进经济社会发展。

（二）经济决定公正本质

在前几节中，我们从不同角度阐述了审判的公正本质。然而，审判作为深远而又复杂的社会历史现象，决定其本质最深刻、最重要的根源是经济。

在奴隶制和封建制社会，生产资料被占人口极少数的奴隶主和地主占有，生产力低下，产品交换量少、形式简单，也没有更多的财力供养更多的官员，诉讼的案件数量少，案情简单。奴隶制和封建制统治者更多的是考虑如何提高效率发展生产，如何维护本阶级的利益和统治。这种经济状况实行政审合一的审判制度是适合的。审判完全依附于行政，其自身独特的本质和发展规律也就无从显现。在封建社会后期，随着农业生产力的发展，带动了相关产业的发展，出现了很多小手工业、小商业。大量农民离开土地进入城镇从事手工业和商业，产生了大量小私有者，打破了自给自足的自然经济，极大地推动了商品经济的发展。同时，封建主们仰仗立法、行政、审判于一体的皇权统治，对小手工业者、小商业者进行肆无忌惮的盘剥、掠夺、压制，严重束缚着处于萌芽中的资本主义生产方式。资产阶级思想家喊出了民主、平等、自由、司法独立的政治口号，又经过资产阶级革命推翻了封建统治，这才使司法（审判）得以独立。可见，审判之所以从行政中分离出来成为独立存在的事物，其根源在于商品经济的发展。

资本主义私有制和商品交换促进了生产力迅猛发展，是资本主义国家赖以生存、发展的经济基础。国家制定了保护这个基础的法律，并将审判独立于行政。资本主义商品经济不仅造就了大量生产和商品交换的经济主体，同时也造就了大量诉讼纠纷。每天数以亿万次的商品交换不仅有力地推动着生产力发展，同时也不可避免地发生大量纠纷。社会关系更加复杂、多变，众多的法律不断出台，新类型的纠纷案件不断发生。诉讼当事人的需要越来越多地指向公正，只有公正的审判才能有效地解决纠纷。由此可见，审判的公正本质不是法律任意规定的，其最终是由经济决定的。

我国计划经济体制下，生产资料所有制是单一的公有制，没有设立法人制度，经济主体数量少、性质简单，生产、交换、分配、消费都按全国统一计划进行。商品交换基本限于生活资料范围，在经济领域很少发生利益冲突，偶尔发生纠纷用行政方法即可解决。因此，无须制定关于市场主体、生产、流通、劳动等经济领域的法律。法院依法受理的案件基本上是刑事犯罪和民事婚姻家庭纠纷。相应的刑事、民事诉讼法也没有颁行。刑事审判着力于打击犯罪，保护国家、集体、个人的权利；民事审判主要解决婚姻家庭亲情血缘、邻里之间形成的纠纷。由于诉讼当事人需要和国家法律要求的局限性，审判的公正本质还难以显现。然而，改革开放以来，计划经济向市场经济转轨，生产资料所有制形式多样化，市场主体如雨后春笋般发展起来，商品交换急剧增加，分配形式多样化，极大地推动了生产力的迅速发展。规范经济活动的法律法规大量出台，刑事审判中的财产犯罪、金融犯罪等经济领域中的各类犯罪大量增加，特别是民商案件的迅猛增加，社会公众对公正的呼唤，当事人对公正的需要，国家法律对公正的要求都日趋强烈。显然，审判的公正本质凸现了出来。

上述可知，资本主义创立了独立的审判及其公正本质，但公正本质的审判并不是资本主义特有的。我国处在社会主义初级阶段，各种经济成分和多样的生产方式长期并存，党的十八届三中全会决定以市场决定资源配置，此项决定促使市场主体、商品交换、诉讼主体、诉讼案件更快增加，自给半自给经济日愈减少，全社会对公正的需要必然空前广泛和强烈，建立完整公正审判制度的任务比任何时候都更加迫切。

（三）实现公正的审判方式归根结底是由生产方式决定的

探索审判本质的目的在于，按照公正要求进而探索实现公正的正确途径。

公开审判是实现公正的唯一方式,为什么要摒弃传统的行政化审判方式,怎样构建公开审判方式,还要从最深刻的经济根源中寻找答案。实行公开审判方式的规模是由社会化大生产流水线决定的。

封建社会的个体小生产是主要的商品生产方式。个体小生产者自我占有生产资料,自我经营管理,自我加工制作,投资少、用工少、规模小、工艺简单,手工操作,分工简单粗化,生产效率低下,与之相适合的是封建社会行政化审判方式实行政审合一。审判权由各级行政长官和皇帝执掌,职能混淆、案件少、案情简单易于处理,人员少、规模小、分工协作简单粗化,不可能实行真正的公开审判,无公正可言。

封建社会后期,商品竞争使个体小生产进一步发展,出现了手工工场。手工工场使生产资料所有者与劳动者逐步分离。新工具的采用、工人增加、规模扩大,把整个生产过程分成若干环节,每个工人不再独立完成生产的全过程,而只是进行某个工序的操作,形成了全新的分工与协作。这就是资本主义生产方式的萌芽和基础。商品竞争的进一步加剧,生产资料与包括经营管理者在内的劳动者完全分离。劳动力成为商品,大机器的采用,员工之间、车间之间联结成为相互依存、相互配合、相互制约的系统,生产过程形成流水线。流水线生产产品的高质量、高速度和低成本是手工操作无法比拟的。从而使生产规模进一步扩大,分工进一步细化,协作进一步强化。经营管理人员和员工都形成专业化,生产水平能力日益提高。资本主义生产方式创造了现代社会化大生产,极大地提高了生产效率,与之相适合的是资本主义审判方式,实行政审分开,职能明晰。案件多、案情复杂、人员多、规模大,分工协作精细化,按照专业分工的职能需要配备人员。法官独立公开开庭审判,其他司法行政人员负责公开审判的保障监督。然而,资本主义审判方式与生产方式一样,也不是一蹴而就的。手工工场是资本主义生产方式形成的量的积累过程。同理,资本主义审判方式也经历了漫长的时期,是通过不断实践、不断总结、不断深化才形成的。

上述可知,不同的审判方式是由其所在社会的生产方式决定的。封建社会小规模的小生产"生产"了小规模的"小审判";资本主义社会大规模的大生产"生产"了大规模的"大审判"。"大审判"才有可能实行真正的公开审判,也才可能实现公正审判。

至此，给审判下一个初步定义：审判是国家进行公开审理、裁判诉讼案件的活动，其公正本质以及实现公正的方式都是由经济决定的。

第二节　审判构成

系统是内部个体通过结构合成的整体。审判是由法官与公开两个要素构成，通过独立、中立、被动结构关系合成的公正整体（见图2-1）。在前述通过内外关系揭示公正本质的基础上，再进而揭示其内部的关系。

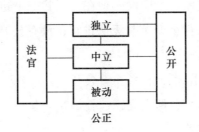

图 2-1　审判构成示意图

一、个体

任何劳动都是由劳动者采用一定形式完成的。作为特殊劳动的审判必须由法官和公开两个要素组成，缺一不可。

（一）公开

事物是形式和内容的对立统一体。审判的形式是程序。公正本质内容决定必须采用公开程序。

1. 公开程序

公开程序是法官在开庭的特定条件下，审理、裁判案件的规程秩序。

（1）公开程序的含义。是指将实体结果及其产生的原因向双方当事人和社会公开。一是调查、辩论、最后陈述、宣判等全部审判活动必须公开进行。二是涉及隐私、国家机密、未成年人等案件，依法不公开审理。一方面，这些案件属例外，不影响公开。另一方面，虽然对社会不公开，但对双方当事人还是公开的。

（2）公开程序的特定条件。一是特定的场所和装备。必须在审判法庭进行，有特定的设备和服饰。二是特定的时间。必须依照法定期限，事先确定并通知有关人员按时开庭。三是特定的人员。必须依法传唤、通知当事人、证人、鉴定人等到庭。法官及其辅助人员也是特定的。

（3）公开程序的必经阶段。一是调查。当事人陈述，证人作证、宣读未到庭的证人证言，出示书证、物证、视听资料和电子数据，宣读鉴定意见，宣读勘验笔录。二是辩论。原告及其诉讼代理人发言，被告及其诉讼代理人答辩，第三人及其诉讼代理人发言或者答辩，互相辩论。三是最后陈述。按照原告、被告、第三人的先后顺序各自发表最后意见。四是宣判。各方当事人有调解意愿的，进行调解。调解不成，即时或者定期宣判。

上述可见，审判程序各个阶段必须在公开状态下进行。特定条件是为公开设定的。没有特定条件公开审判无法进行；没有公开，特定条件失去存在的意义，审判程序也失去了方向和灵魂。

2. 从审判程序与司法行政的关系看公开

司法行政渗透着审判，两者交织、叠加在一起难以分清。必须严格划分才能看清程序的公开属性。

（1）区分庭下的司法行政与审判程序。法院司法行政的职能是保障审判。在履行职能中也表现为一定程序。立案，收集、保全、审查、交换证据，调解，送达，传唤，拘传，拘留等都属于保障审判的职能，不属于审判程序，不具有公开属性。

（2）区分庭上的司法行政与审判程序。庭上法官进行的四个必经阶段属于审判程序。庭上诸如法官助理、书记员、法警等人履行职能的行为属于司法行政，也不具有公开属性。

（3）区分法官在庭上与庭下的行为。审判是法官在庭上的职务行为。在庭下无论其以法官身份，还是以兼任职务所履行的职能，都不属于审判程序，也就不具有公开属性。

总之，上述科学划分，不仅清晰地证明只有严格意义上的审判程序要公开；而且也证明在非审判程序中，公开只是一种现象和手段。如果将公开也看作立案、准备等保障程序的本质，必然带来认识和实践上的混乱。

3. 从审判程序与行政程序的关系看公开

将审判程序和行政程序加以区分，不仅有利于进一步看清公开属性，而且会深刻认识审判的公正本质是如何决定其公开程序的。

（1）多样性的行政程序。审判程序是特定、单一的公开形式。行政程序则是不特定的，可能是公开的或秘密的，不拘一格、形式多样，场所、时间、人员、操作规程一般也不是特定的。例如，公安机关侦查方式包括：秘密侦查、公开悬赏、地毯式排查、大规模调查、电子监控、审讯、痕检、守候等。

（2）本质决定程序。

① 多样化的行政程序由效率本质决定。行政的工作对象、职责、内容远比审判广泛、复杂得多。其效率本质由成本、质量、速度（数量）三要素组成（见图2-2）。通常情况下它们之间的比例是均衡的，在特定条件下又有所侧重。在履行行政职能时既要考虑侧重点，更要考虑平衡，发生偏废必然破坏效率。显然，采用单一的公开形式是不行的，从而决定了行政程序的多样化。

图2-2　行政效率结构示意图

② 公正本质决定单一的公开程序。审判面对双方当事人截然相反、针锋相对的诉辩理由和请求事项，不仅要通过一定程序查清事实，正确适用法律，支持合法、正当的一方，作出公正的实体结果裁判，而且必须选择合适的程序，使实体结果产生的过程、形成的原因，让双方当事人明明白白，以实现实体与程序的统一。否则，再"公正"的实体也是不公正的。

上述可见，审判的公正本质决定公开程序，公开是实现公正唯一的科学程序。说到底，审判是公正与公开的统一体。公正与公开统一规律是审判哲学的精髓。全部审判哲学理论都是由此展开的，全部审判制度都是为此制定的，全部审判活动都是为此进行的。

（二）法官

审判是主体行使审判权力作用于客体的劳动。科学配置审判权力要以公开程序为导向。法官是唯一能够公开行使权力实现公正的主体。

1. 法官制

法官制是指审判权必须由法官组成的审判组织在公开开庭中正确行使。

第一，审判权必须由一个（独任制）或者数个（合议制）法官行使。独任制是审判相对简单案件的组织形式，是行政长官负责制在审判中的反映，合议制是审判相对复杂案件的组织形式，是立法民主决策制在审判中的反映。可见，审判组织形式与行政、立法组织形式既有根本区别也有一定联系。第二，审判权必须在公开开庭中行使，不得在其他条件下行使。第三，审判权必须依法正确行使，不得滥用。如果不认真履行审判义务，滥用权力就要依法被追究责任。

审判活动核心是审判权力的行使。法官制是唯一与公开审判程序相适合的权力配置模式。无论哪个审级、哪类案件，也无论案情多复杂、当事人多少，都必须由法官在公开开庭中独立行使审判权。如果由法官以外的人行使或者是法官在庭下行使，都会破坏公开审判，也就破坏了公开与公正的统一。同时，法官享有了独立审判权也就负有了正确行使审判权的义务和责任。

2. 与行政长官负责制的区别

与审判比较，行政程序的多样性要求行政权必须迅速、果断行使，由此决定必须实行行政长官负责制模式。行政工作领域广、层次多，又是多个部门、多个层级的行政长官负责制。显然，审判与行政的权力配置模式根本不同，必须严格遵循。一方面，法官不能行使行政权力；另一方面，行政长官不能行使审判权力。否则，必然影响行政效率，更重要的是会破坏公开程序。

二、结构

系统个体合成整体并非自发的。法官与公开之间必须形成持续稳定的独立、中立、被动结构关系才能正确行使权力，实现公正。

（一）独立

所谓独立，是指法官依法独立自主行使审判权，非因法定事由不受追究。

第一，审判机关行使审判权时不受行政机关、社会团体和个人的干涉。同时，上级法院对下级法院是监督关系。第二，"法官除了法律，没有别的上司"（马克思语）。首先，法官在具体行使审判权时要独立于本法院内部的司法行政及其他个人，不受任何外来因素的影响。其次，法官有权拒绝所有外来干扰，审判案件违法，可以通过法定程序纠正。非因法定事由不得撤换法官。

（二）中立

中立是指法官行使审判权时，必须居于原告与被告双方正中间立场，不得有任何偏私。否则，要受到追究。

第一，法官必须始终与双方当事人保持等距离，严守中立立场。不得在庭下会见当事人。第二，法官在庭上行使审判权时，要给予双方当事人同等行使诉讼权利的机会和条件。不得先入为主，既不得偏袒一方，也不得歧视另一方。在询问言辞态度上也要给当事人以中立的感觉。第三，法官在必要时须回避。第四，中立是法官的义务，是对法官行使审判权的限制和监督。法官失去中立要受到相应追究。

行政工作对象是不特定的。可能是双方，也可能是一方或者多方，其利益冲突可能有，也可能没有；可能是相互间的，也可能是与行政机关之间的。因此，行政机关及其长官不能居中，而必须居上行使管理保障等行政职权，以保证行政效率。

（三）被动

法官被动是指法官必须消极被动地等待纠纷进入诉讼程序，才能行使审判权。在法庭上不得主动接近、帮助任何一方当事人。

第一，审判机关及其法官必须遵守不告不理的原则，不得在原告不起诉时主动积极超前解决纠纷。第二，法官必须消极被动地等待需经开庭审判的案件，坐堂问案，不得主动在庭前解决该案纠纷。第三，法官参与案件的庭前准备程序，就不得再行开庭审判该案。第四，开庭审判中要与双方当事人保持等距离。不得主动接近、帮助任何一方当事人。

行政恰恰相反，其职能是全面管理保障社会。不仅要解决纠纷，更重要的是预防纠纷和促进经济社会迅速、健康发展。因此，必须主动积极超前地开展工作履行职责。否则，就是失职。

三、法官与独立、中立、被动的联系

组成审判组织的法官在独立、中立、被动状态下，公开行使审判权才能实现审判的公正本质。一是独立和中立从法官制中分立，三点形成一个正等边三角形关系；独立、中立不仅分立又统一于被动，形成一个倒等边三角形关系。两个三角形又合成一个菱形（见图2-3），使四者相互依存、相互作用，

构成闭合、平衡、稳固的审判组织系统整体。二是菱形如同静态审判的天平，立柱上下正直，横梁左右平衡。在法官、独立、中立、被动基础上，深刻地蕴含着公平、正直的审判的公正本质属性（见图2-4）。三是将天平放倒如同飞机，将飞机立起如同天平。审判动态过程犹如飞机飞行（见图2-5）。法官如同飞行员，独立、中立如同左右两翼，被动如同尾翼。法官驾驶飞机乘载当事人等诉讼参加人，沿公开航线飞向公正目的地。

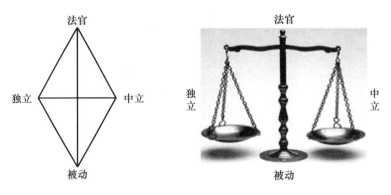

图2-3　法官制示意图　　　　图2-4　静态审判天平示意图

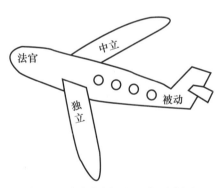

图2-5　动态审判飞机飞行示意图

第三章　司法行政

审判不能孤立进行，必须依赖司法行政保障监督（以下简称保障监督）。司法行政是保障审判的行政，兼有审判和行政的特性，又有其相对独立的本质规律，因此，弄清楚司法行政对于法官公开审判是十分重要的。

第一节　司法行政构成

认识司法行政要从内部关系入手。其构成是兼任行政长官与保障监督两个要素，通过稳定持续的配属、平等、主动结构关系合成整体（见图3-1）。

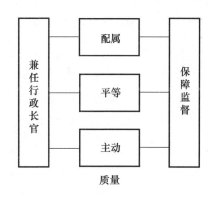

图 3-1　司法行政构成图

一、本质

司法行政的本质是区别于其他事物的根本标志，决定发展方向，隐藏在纷繁复杂的现象背后。其要在与行政、审判的比较中揭示，进而弄清楚其他内外关系。

在国家政审合一体制下，没有审判特有的本质也就没有司法行政的本质。随着政审职能分开，两者各自的效率、公正本质逐步显现出来。司法行政是国家行政的组成部分，其本质必然是效率。然而，国家行政工作的对象是不特定的全社会，呈现复杂性、突发性、持续性、多样性、开拓性和成本高等显著特点。司法行政工作的对象是特定的当事人，职能是专门保障法官公开审判，与行政比较，其呈现简化性、稳定性、阶段性、单一性、程序性和成本低等显著特点。下面将从效率三要素入手分析两者的区别，以明晰司法行政本质。

（一）从质量看

国家行政也要高质量履行职能。但是，管理保障社会发展的艰巨任务及其显著特点决定了过于追求质量会影响速度（数量）和成本，使三要素失衡。当三者发生矛盾时要权衡轻重缓急予以确定。司法行政对质量要求是极其严格的。立案、准备、书记员、法警、审判庭建设等必备条件中，任何一项职能工作出现质量问题，都会不同程度地影响公开审判。法官只能在法庭审判台上被动审判，不能主动按自己的意愿和需要履行司法行政职能，也不能当庭纠正、补救质量问题。法官包括司法行政人员的纠正、补救质量问题不仅影响速度和成本，更重要的是使当事人产生怀疑，从而破坏公正。

（二）从速度（数量）看

行政管理保障社会发展必须要有一定速度，否则会影响质量和成本。特别是在完成急难险重任务中，质量必须给速度让位，否则，会贻误战机造成更大的损失。审判的被动性决定了法院依法受理案件，没有选择余地。既不能因为数量太多而人为地少受理，也不能因为数量太少而人为地多受理。审结时间长短也少有选择余地。司法行政不需要兵贵神速，通常依照法律规定的程序期限按部就班地进行，慢了不行，快了也不行，这正是司法行政质量高的充分体现。当速度与质量发生矛盾时，无条件服从质量。

（三）从成本看

行政工作艰巨、复杂、规模大，必然要投入大量人力、财力、物力。行政投入要权衡与产出之间是否比例适当，人力、财力、物力是否具备，等等。司法行政单一保障审判成本相对较低。同时，审判案件成本再高也必须结案。当成本与质量发生矛盾时必须无条件服从质量。可见，效率三要素在行政中缺一不可，同等重要，但在司法行政中虽然也不可缺少，但质量是中心，速度和成本是从属（见图3-2）。速度快慢和成本高低都要由质量决定并受其检验。司法行政本质是以质量为中心的效率。

图 3-2　司法行政效率结构示意图

二、个体

司法行政与审判本质不同的内部原因是"异素异构"。兼任行政长官与保障监督是司法行政两个必要个体。

（一）保障监督

犹如飞机空中飞行依赖地面保障监督，法官在严格的独立、中立、被动状态下公开行使审判权力必须依赖保障监督。司法行政正是由此而生，审判须臾不可离开。

审判严格界定为单纯的法官在开庭中审理和裁判的行为。除此之外，一切庭下庭上的活动都属于司法行政；全部司法行政都是对审判的保障监督。显然，如同水和鱼，保障监督融合、渗透审判的里里外外、时时刻刻。从法院的人事、经费等，到庭下立案、准备乃至庭上的记录、值庭等，都属于保障监督。

（二）兼任行政长官

司法行政主体设置既不能是审判的法官制，也不能是一般行政的长官制，而应是法官兼任的长官制。

首先，法官制的要义是，赋予法官的审判权力只能用于庭上的审理、裁判，不能用于庭下或者庭上的非审理、裁判活动。法官如同飞行员在众多严格的限制之下履行职能。司法行政职能纷繁复杂，如果其主体也处于严格限制状态将无法进行保障。显然，法官制不适合司法行政。其次，行政职能是管理保障。其长官制主要是作出决策，发出指示、命令，下级服从执行。司法行政长官也要作出决策，发出指示、命令。

三、结构

行政长官与保障形成持续稳定的配属、平等、主动结构关系才能合成整体质量。

（一）配属性

配属性是法官独立的基础，是指行政长官组织指挥司法行政人员履行职能配属于法官公开审判，以保障法官独立。行政长官与法官是平等的，居上、居下都会破坏独立。配属不是依附，依附将无法做到科学保障。配属也不是独立，独立要求政审分离，把法官严格限制在法庭审判台上审判。如果司法行政也奉行独立，审判则无法进行。不仅如此，审判对司法行政强烈的依赖性要求高质量的保障。可见政审分离是手段，不是目的，只是揭示了与司法行政混淆就背离了审判规律，并未解决如何保障的问题。政审有机结合才是目的。只有根据公开需要将各类司法行政人员依次有序地配属于法官审判，形成有机结合的统一整体，才能提供高质量的保障。可见，配属性是司法行政结构的首要属性。

（二）平等性

平等性是法官中立的基础，是指在法官审判与司法行政人员保障之间、各类司法行政人员之间平等关系基础上，行政长官组织指挥司法行政人员履行职能为当事人提供公平、同等的诉讼条件，以保障法官中立。双方当事人的诉讼请求、举证、诉辩能力等差异很大，加之案情复杂往往难以查证。司法行政必须平等对待双方当事人，在依法的前提下有求必应，以确保其法定诉讼权利，这样才能使法官具备保持中立行使权力的基础条件。如果法官混同于行政长官，居上对司法行政人员任意发号施令则难以保持中立。可见，平等性是司法行政结构的重要属性。

（三）主动性

主动性是法官被动的基础，是指行政长官组织指挥司法行政人员主动、积极履行职能，以保障法官被动。保障职能要求高、繁重、复杂，必须主动、积极履行。如果司法行政也奉行被动，必然使法官失去被动行使权力的基础条件，从而破坏公开。可见，主动性是司法行政结构的重要属性。

四、行政长官与配属、平等、主动的联系

组成司法行政组织的兼任行政长官，在配属、平等、主动状态下行使权力，才能实现高质量保障监督。配属和平等从长官制中分立，三点形成一个正等边三角形关系；配属、平等不仅分立又统一于主动，形成一个倒等边三角形关系。两个三角形又合成一个菱形，使四者相互依存、相互作用，构成闭合、平衡、稳固的司法行政决策组织系统整体（见图3-3）。

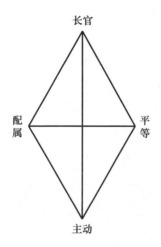

图 3-3　长官制示意图

第二节　保障制度

保障制度是司法行政职能制度化。制度化就是国家根据司法行政质量、配属、平等、主动等规律制定保障法官公开审判的组织、人事、物质规范。

一、规模化组织保障制度

组织保障制度是设置法院及其内部机构、职能的国家制度，是最基本的司法行政制度。

（一）机构设置的原则、标准

1. "一院两制"原则

"一院两制"是指法院系统中并存的"公开"和"两便"两种审判制度。

要根据当事人的诉求制定审判制度。市场经济使诉讼案件急剧增多，尤其是当事人对公正的诉求日趋强烈。公开审判是实现公正的唯一科学制度。与此同时，简易案件大量存在，这种情况在经济欠发达的广大农村地区更为突出，当事人对"两便"诉求也十分旺盛。两种诉求会长期存在，满足两种诉求就要实行两种审判方式。可见，"一院两制"是组织制度必须坚持的基本原则。

2. "公正规模"原则

"公正规模"是指审判机构的案件、人员达到一定规模才能进行公开审判实现公正。市场经济不仅造就了众多需要公正的当事人，还"造就"了满足公正需要的公开审判。小生产"生产""两便"审判，大生产"生产"公开审判。小生产人员少、资金少、厂房设备少，不需要也不可能实行较为细化的专业分工协作。现代化大生产人员多、资金多、厂房设备多，既需要也有条件实行精细化的专业分工协作。"两便"模式下的案情简单、争议较小，大多数在庭下调解结案。审判与司法行政职能人员相互取长补短、有机结合，不仅不影响法院的公信力，还有利于顺利、和谐结案。对于案情复杂、争议较大的案件，必须严格政审分开、庭上庭下分开，精细分工、密切协作。这就需要足够的人员，形成一定规模才能实行公开审判。可见，"公正规模"是组织制度必须坚持的重要原则。

3. "保障流水线"标准

"保障流水线"标准是指坚持设置机构的"公正规模"原则，要以司法行政保障公开审判的流水线为具体标准。

物质生产分工是前提，协作是目的。建成生产流水线是分工协作科学化的标志。保障流水线就是在政审分开前提下，应法官独立、中立、被动的公开要求，行政长官组织各类司法行政人员配属、平等、主动地高质量保障审判流程。将全部保障职能划分为立案、准备、开庭三个环节。上一环节保障下一环节，下一环节监督上一环节，形成环环相扣、密切协作的系统整体合力，共同提供高质量的保障。只有流水线才能形成有序运行的质量整体，因而是司法行政的生命线；只有流水线才能保障公开审判，因而是解决纠纷的公正线。然而，如果人员过少无法分工协作形成流水线；如果案件过少仍然按照流水线配备人数过于浪费。解决"两难"的办法是按照流水线要求足额配置人员和案件。可见，流水线客观、全面地反映了审判保障规律，是机构、职能、人员设置的具体标准。

（二）机构设置

机构设置根据上述原则、标准，因审级、地域等不同而有所区别，由此决定了司法管辖区与行政管辖区的区别。

1. 法院设置

（1）基层法院。基层法院受理一审案件，数量多少、性质类别是设置机构的直接依据。具备流水线条件的为规模法院。一是县（市）离城市较远，无论是否达到规模都要与行政管辖区相一致设置法院。二是设区的城市应按照规模法院要求确定司法管辖区设置基层法院。三是基层法院通常是规模法院，除特殊情况一审案件都应受理。

（2）上级法院。与行政管辖区相一致设置。基层法院之所以以流水线规模为设置标准，是因为初审案件立案、准备、开庭工作量较大。上诉、申诉案件当事人争议相对点少而集中，往往适用法律居多。通常呈现审级越高，事实证据争议越少，适用法律争议越多，流水线规模标准越弱化的特点。一是中级法院管辖二审案件，一般不受理一审案件。二是高级法院主要管辖申诉案件，监督指导辖区审判。三是最高法院监督指导全国审判。

2. 基层法院内部机构设置

（1）审判保障局。是指将立案、准备、开庭的全部保障职能及其人员集中起来，设置统一管理的机构。如果流水线分设于两个以上机构势必造成方向不明、职能割裂、运行不畅。审判保障局使各类职能人员相互衔接、有机结合、有序顺畅运行。同时，借鉴企业全面质量管理（TQC），实行全方位、全过程、全员参与、数字化考核。一是立案人员向准备环节负责。受理案件、指导当事人举证。二是准备人员向法官开庭负责。审查案件并考核立案环节质量。在书记员、法警、委托鉴定人员等配合下完成准备开庭工作。书记员配属审判保障局，从准备环节开始跟案到底，负责记录、整理案卷等。其发挥熟悉案情又到庭上记录的优势，负责沟通庭下庭上的信息反馈。法警因案配属。按照准备人员要求做好外勤工作，并负责该案值庭。三是审判保障局实行局长负责制。由法官兼任局长统一领导、管理三个环节的全部工作。

（2）法官办公室。其实是法官办公的场所，不承担一般的司法行政职责，只设法官及其助理。对于确立法官核心地位专心致力于审判是必要的。法官助理负责审判事务协调工作，能极大地减少法官的工作量和法官员额，优化法官与司法行政人员的结构比例，从而加强对法官的保障。

（3）法警队。法警遵循特有的警务规律履行职能。要实行外勤工作警务化，承担全部外勤保障职能。根据需要临时配属审判保障局。

（4）派出法庭。派出法庭是县域法院派驻经济欠发达、人口分散地区的机构，主要受理简易案件。少量普通案件应做好庭前准备工作移送审判保障局处理。再大的法庭也不可能建成流水线。因此，城区及其附近区域不应派驻法庭。

二、分类化人事保障制度

分类化人事保障制度是指按照规模化组织保障制度要求，分类为主分级为辅遴选、使用法官、司法行政等专业人员的国家制度。

（一）法官制度

法官与司法行政人员有着根本不同的素质要求和遴选使用规律，必须单独序列施行专门制度。一是法官特殊的素质要求，固然要通过长期审判实践才能达到。但是，准入条件要基本达到或者接近素质要求。因此，上级法官要从下级优秀法官中产生；基层法院法官要从优秀律师、法官助理中产生。二是法官特殊的职业，要规定严格的独立、中立、被动保障。三是法官特殊的身份要规定回避制度。四是法官特殊的地位要规定优厚的物质待遇。五是法官特殊的阅历要根据审级不同适当延长退休年龄。六是法官员额要根据案件数量和案件疑难程度测定。

（二）司法公务员制度

司法公务员（以下简称司法员）是保障审判的执法人员，在与法官分立后执行国家公务员制度基础上，因职能分工要分类确定不同的管理办法，应由国务院根据公务员法、警察法等制定人民法院司法员管理条例，明确规定法官助理、书记员、立案准备员、执行员、法警以及行政长官的职责、任免、晋升、奖励、惩处、待遇等。

三、人文化物质保障制度

国家有不同的传统文化，表现公正人文环境和法官公正形象有所不同，要制定严密、明确、权威的制度加以规范，各行其是必然破坏人文化建设。

人文化建设规模虽小，但涉及多个知识学科和建设领域，法院自身难以完成，应由中央行政组织研究、创立以司法建筑学、司法服饰学、司法经济学等学科构成的审判（司法）环境学。深入发掘、提炼、升华国家深厚、优良的传统文化，综合各专业科学技术知识奠定理论基础，对审判环境原理、设计、标准建设、分工、责任等进行详尽、具体的规范。

四、统一化国家保障管理体制

统一化国家保障管理体制是由国家中央行政统一管理法院司法行政的制度。

（一）统一化体制的重要意义

法院司法行政依赖于党中央领导、国务院统一管理。统一化体制反映了司法行政规律，是保障审判的科学制度。

1. 有利于维护中央权威和法治统一

中央政府代表全国利益，地方政府代表地方利益。两种利益发生矛盾以及地方政府履行职能中发生纠纷是不可避免的，要依靠国家统一立法和审判司法调整。法院依法受理公开审判、公正解决这些矛盾纠纷，正是维护了全国利益、法治统一和中央权威。统一化体制实现的政审分离，有效地避免了地方政府对法院行使独立审判权的影响。分级化体制则使法院在机构、人事、物质等保障方面依赖于地方政府，从而影响或者破坏中央权威和法治统一。

2. 有利于法院司法行政科学化

规模化组织，分类化人事、人文化物质保障制度集中体现了司法行政科学化。行政科学化是极其复杂的过程。从科研、论证把握规律，到制定、实施制度都是十分艰巨的，地方政府无法完成，只有国务院在党中央政策领导、人大立法支持下，才最有权威、最有条件进行。没有统一化保障体制就没有司法行政的科学化。我国幅员辽阔、情况复杂，由最高人民法院和省级人民法院结合管理为司法行政发展提供了巨大空间，是妥善的过渡办法。

3. 有利于提高国家司法行政效率

国务院着眼全国大局，依据党的政策、法律制定详尽的法规，统一规划、设计法院及其内部机构、职能以及人财物等资源，不仅使法院司法行政科学化，有力地促进公正审判，还解决了地区之间的贫富差别，法院的非司法人员、经费大量减少，极大地节约了全国司法资源。

（二）统一化保障管理制度

根据党中央确定的政策，全国人大常委会制定、完善法院组织法、法官法和法院经费预算制度；国务院制定具体实施条例、细则并全面组织实施。

第三节　执　　行

执行因未履行生效判决引起。胜诉一方当事人未实现实体权利使公正大打折扣。执行保障了生效判决的履行就最终实现了完整的公正。执行虽属司法行政，但与审判程序保障有所区别，有必要加以揭示。

一、执行构成

执行构成就是司法行政构成。兼任行政长官与保障监督两个个体，通过配属、平等、主动合成质量整体。主要揭示执行具体的特殊性。

（一）个体

1. 兼任行政长官

在执行中，一是生效判决难免带有程度不同的瑕疵甚至错误，需要审查及时发现处理；执行措施适用无论对与错都会产生为数较多的异议。执行长官由法官兼任具有先天优势能妥善解决争议。二是无论执行级别高低，执行的决定权都要由兼任行政长官执掌，执行人员负责实施。尤其是受理执行案件的基层法院，决定权必须由执行长官行使。按照行政规律，行政长官称作局长、处长、科长，由执行长官担任。

2. 保障

执行名为保障生效判决，实为保障当事人的合法权利。一是保障生效判决确定的申请执行人（以下简称申请人）的实体权利。二是双方当事人程序上的权利。

（二）结构

1. 配属

执行的配属性主要体现在执行是应生效判决执行需要而生，否则就失去存在的意义。

2. 平等

执行长官与执行人员是上下级关系。平等性主要体现在：一是执行机构与相应的审判机构以及法警并非上下级而是平等的。二是生效判决确定的双方当事人权利义务并非平等的，但执行程序的权利是平等的。

3. 主动

虽然执行程序由申请人启动，也无须保障法官的被动性。但是，被执行人竭力隐藏财产，逃避、对抗执行。执行程序的推进、执行措施的运用无不依赖于执行人员的主动性。

（三）本质

执行是司法行政的分支，但其工作对象、内容、方式等都具有特殊性，有必要进一步分析。一是从质量看。首先，被执行人拒不履行生效法律文书才进入强制执行程序，本身对抗性强烈。有的审判确认的法律事实与客观事实有一定差距，使被执行人可能无法理却有情理，对抗情绪会加剧。同时，被执行人的财产往往与案外人的财产交织在一起，申请人为了自己的利益不惜损害被执行人和案外人的合法权益。执行措施质量问题会引起异议。启动异议解决程序必然影响执行速度，解决不好还可能执行回转。执行措施质量高，提出异议也会迅速解决。其次，执行程序规定了期限，慢了不行，快了也不行，这正是质量高的标志。最后，执行质量差会给被执行人逃避债务留下可乘之机，一旦实现不了权利，不仅申请人有很大意见，还可能引起国家赔偿。二是从速度看。法律设置了诉前、诉中保全。通常情况下被执行人的财产早已被控制。查找被执行人及其财产需要兵贵神速属例外。速度与质量发生矛盾时，无条件服从质量，速度快慢要以质量为标准。三是从成本看。再小的案件也不能因为成本高而不执行。成本也必须服从质量，成本高低要以质量为标准。总之，执行就是高质量强制被执行人履行判决确定的义务，保护申请人合法权益。

二、执行制度

探索、遵循执行规律，制定科学、完善的执行制度是保障高质量执行的根本措施。

（一）机构设置规模化

公开审判达到规模化才能公正解纷。执行是错综复杂的系统，必须精细分工、密切协作达到一定规模才能高质量保障案件得以解决。因而规模化是执行机构、职能设置的原则。

1. 强制执行案件的管辖

（1）民事、行政案件由法院管辖。一是执行属于司法行政职能，不能由公安局等行政机关履行。二是国家设置的各级司法行政部门属于管理机构，并非具体履行司法行政职能的机构，兼理一些不需要规模化的职能是可行的。如果单独设置如同监狱的独立的民事、行政强制执行机构，则完全背离了规模化规律，会造成人财物等多方面极大浪费，势必事倍功半。

（2）刑事财产附加刑案件应由监狱管辖。一是附加刑依附于主刑，不仅具有考量、调节刑罚的刑种、轻重的功能，更有配合主刑执行的重要功能。将两者分开执行是不科学的。二是财产刑的执行取决于服刑人员的态度。监狱最了解服刑人员，与减刑、假释有机结合执行必然是事半功倍。三是刑事附带民事赔偿案件一般也随主刑执行，一并由监狱管辖，其他案件由法院管辖。

2. 法院执行机构的设置

（1）基层法院设置执行机构。规模化审判机构所结案件需要强制执行的案件数量，通常能达到执行规模化要求。管辖一审案件的基层法院，应当设置执行局管辖执行案件。执行局内部设科，分别负责执行或其异议处理。

（2）上级法院设置执行管理指导机构。一是上级法院一般不受理一审案件，也就不受理执行案件。受理的特殊一审案件应当指定基层法院执行。二是上级法院设置执行局，内设处、科，负责管理指导下级法院以及异议复议案件的处理。

（二）强制措施程序化

保护申请人合法权利主要依靠运用强制措施。执行的高质量集中体现在强制措施的高质量，因而是全部执行职能的关键所在。

异议裁决固然是提高强制措施质量的有效方法，但是事后监督不能从根本上解决问题。强制措施质量差的主要表现：一是方法、手段种类少，形不成系统。二是目标不明，运用无序。强制措施程序化以提高执行质量为目标。

在对强制措施的性质、功能、主体、对象、原因、形式、异议处理等进行深入、全面的经验总结和理论阐发基础上，制定程序性法律制度。执行的无序状态使系统各要素不能朝向统一高质量目标有序运行，程序化就是执行的有序化。从无序化到程序化要逐步完善制度，使强制措施种类齐全、结构合理形成系统，为实现执行整体高质量有序运行提供保障。

（三）异议裁决公开化

异议裁决是解决执行程序中发生的纠纷，并非诉讼。一是通常不涉及执行依据和实体权利争议，案情简单、争议较小；有时被执行人为拖延履行义务故意提出异议。二是纠纷主要是在双方当事人或者案外人之间，很多方面与审判接近。但不能实行烦琐的公开审判程序。因此，实行公开化听证以及复议程序，既能有效地提高裁决质量，还能防止无理取闹。

第四章　人民法院的价值

价值是客体对主体需要满足的关系，是在主客体互动作用中实现的。人民法院的价值是满足当事人需要的社会关系。形成价值链：主体当事人—客体人民法院—审判—司法行政。主客体之间需要与满足相互作用推动价值实现。需要、满足，新需要、新满足循环往复，以至无穷，既推动价值实现又不断创造满足主体需要的新方式。

第一节　审判的价值

审判价值是以公正解纷为核心的法官公开、独立、中立、被动体系（见图 4-1）。

图 4-1　审判价值示意图

一、审判的核心价值

审判价值是完整的体系。公正本质决定核心价值，又决定价值体系的形成。

（一）价值主体和客体

找准主体和客体，弄清楚为了谁的问题是探索审判价值的先导。否则，会带来一系列混乱，导致难以实现价值。

1. 两种主客体的互换

审判是法官为当事人解决纠纷的劳动。从劳动实践关系看，劳动者为主体，劳动对象为客体。法官是主体，当事人是客体。从劳动价值关系看，需要一方为主体，满足需要一方为客体。解决纠纷是当事人需要，同时是法院法官的天职。国家之所以投入大量人力、财力、物力建设审判机关，正是因为其能解决纠纷。可见，当事人是价值主体，法院法官是客体。

2. 主客体的社会性

主体与客体及其关系都是社会性的。一是作为自然人的当事人不能孤立生存，必须从属于一定社会组织。当事人之间的纠纷也不是孤立的，所影响、破坏的不仅是双方关系而且是不特定的社会秩序，因而价值主体是体现于当事人的社会。二是国家立法的目的是通过调整双方当事人的关系维护社会秩序。法官依法审判是通过解决双方当事人纠纷，使被影响、破坏的社会秩序得以恢复。

3. 主客体的客观性

在自然经济社会，人们之间的商品交换基本局限在消费领域，交换主体数量少形不成竞争，社会关系简单化，社会纠纷发生率低。因而审判价值主体数量少，价值需要淡化。在商品社会，不仅物质资料商品化，劳动力也成为商品。无数市场主体之间的无数交换关系形成激烈竞争，产生了大量诉讼案件当事人，对审判产生了强烈的公正价值需要，以保护自己的权益，维护公平竞争秩序。这些主体当事人的社会需要决定了客体法官审判的产生。可见，价值主体当事人和客体法官都不是凭空产生的，而是以经济为基础的客观性决定的。客观性贯穿审判价值关系始终，决定价值取向及其实现的途径，是审判价值的本质。这符合马克思主义客观价值论原理。

（二）主客体关系

1. 主客体的地位

当事人希望法官作出对自己有利的判决，容易使人们错误地把主体看作从属地位，这种本末倒置的认识对实现审判价值是十分有害的。

主客体主从地位主要表现在：一是客体为主体产生、存在。由行政长官兼理审判改由法官公开审判，完全是由当事人发展变化的原因导致的。何时主体消亡了客体必然随之消亡。二是客体价值及其实现方式是主体需要决定的。从奴隶社会的"神判"、封建社会的"人判"到资本主义少数人的"制度判"、社会主义多数人的"制度判"的全部审判方式及其价值取向，无不是同时期当事人需要所决定的。三是客体价值的有无、大小，以主体价值需要满足程度为标准。客体以其功能创造价值却不是价值本身。客体如同加工价值的机器，主体需要如同价值原材料。经过加工之后，客体价值凝结在主体身上，滞留在客体身上的是本质和功能。价值有无、大小并非客体的自我感觉。

2. 主客体的作用关系

在主客体关系中，主体需要是对客体的作用，客体作用是对主体的满足。作用表现为主客体相互转化，相互接近、统一。

（1）主体价值需要。主体双方发生纠纷，以起诉状、答辩状阐明各自请求事项及其事实、理由。诉辩事实与相关实体法相结合支撑请求事项，所举证据与相关程序法相结合支撑诉辩事实，充分体现了解决纠纷的价值需要。然而，双方主体的实体和程序需要都是针锋相对的，各执一词，主张自己的权益是合法正当的，任何一方都会强烈要求判决对方败诉以保护自己的权益。同时，往往双方互有是非曲直，未经审判无法辨明。因此，主体需要通过公正解决纠纷保护实体权利。

（2）客体价值实现。国家根据主体公正解纷需要赋予法院解决纠纷职能。公正本质又决定了客体具有满足主体价值需要的功能作用。客体价值就在于，发挥其公正解纷功能作用，通过公开程序将双方主体针锋相对的诉辩事实加以确认，使合法、正当一方主张上升为法律事实，支持其请求事项，保护其实体合法权利。客体接近、统一于合法、正当一方，表现为客体主体化；在法律强制下，非法、非正当一方主体接近、统一于客体，表现为主体客体化。从胜诉一方主体诉辩事实上升为法律事实，又回到其身上形成法律价值事实。从而，既公正解决了双方主体纠纷，又保护了胜诉一方主体的实体合法权利。客体价值得以实现。然而，审判实践中客体与主体、主体之间的统一只能是相对的。通常情况下客体只能是接近主体价值需要。

总之，主体价值需要决定客体价值取向。客体发挥公正解纷功能作用，使主客体之间、双方主体之间趋于接近、统一。由此可对客体核心价值作出如下定义：公正解决双方主体纠纷，保护胜诉一方实体合法权利。

二、审判程序的价值体系

审判程序是动态的审判，是实现审判价值的具体过程，具有独立价值。审判程序价值体系是审判构成中的公开、法官两个要素及其之间的独立、中立、被动结构关系形成的，依次升值满足当事人公正解纷需要的作用关系。

（一）价值主体和客体

1. 当事人是价值主体

审判实体决定审判程序，程序对实体有反作用。这容易使人误把审判实体或者法官当作程序价值主体。价值主体是人而不是权利或者制度，因而审判实体不是价值主体。法官是审判及其程序主体，但不是价值主体。同审判价值主体一样，审判程序价值主体也是客观的。法官不能为自己进行审判活动。认为审判实体或者法官是价值主体恰好背离了客观价值论。当事人是程序价值主体，不仅因为审判程序是为了审判实体，更重要的是当事人对审判程序也有强烈的价值需要。同时，主体当事人深刻的客观性质决定着整个审判程序价值关系的客观性质。

2. 客观性决定主体的主导地位

审判程序是人设置的，主体价值需要在程序中满足。这容易使人误认为审判程序处于主导地位，主体处于从属地位。然而，审判程序设置不是人的任意行为，而是按照主体价值需要设置的。不仅如此，设计怎样的审判程序也是由主体价值需要决定的；审判程序价值的有无、大小，要以主体价值需要满足程度为标准。

3. 价值客体

主体的客观性质不仅明确了其与客体审判程序的主从价值关系，同时还揭示了客体的客观性质。客体的产生、发展都是主体决定的。客体价值不同于本质，客体本质是其稳定、固有的特性。受本质决定，客体以其特有功能创造价值，却不是价值本身。如果把审判比作价值加工机器，客体价值则体现在使用什么机器，谁来操作，在什么条件下操作机器。审判程序结束后价值凝结在主体身上。可见，客体及其价值都是客观的，客体固有的本质属性和功能作用，只是价值的前提和来源。

（二）公开的价值

公开是实现公正的唯一形式，是审判程序价值链的首个环节。

1. 主体需要公开程序

主体在诉辩中所体现的价值需要，往往是感性和零碎的，只是明确、完整地表示了对实体的需要，并没有表示对公开程序的需要。然而，系统、深入地研究、阐明主体需要正是客体的重要价值作用。客体不仅要满足主体需要；还要创造主体的公开需要。否则，就无法满足主体的公正需要。

审判是实体与程序的矛盾统一体，两者互为因果。实体争议的解决依赖一定程序。因此，主体产生了对客体的价值需要。然而，审判程序性质是实体性质决定的。只有适合实体的程序才有利于实体，否则会有害于实体。客体不仅要对主体的请求事项和诉辩事实作出裁判，还要对支撑事实的证据作出裁判；不仅要查清事实，还要辩明法理。证据在庭上举证、质证才能确认，法理在庭上才能辩明。针锋相对的诉辩过程必须在公开状态下进行，使双方明明白白，才能公正地解纷，保护合法、正当一方的实体合法权利。可见，主体需要"公开"。公开审判要具备特定场所、时间、人员和操作规程等条件才能正常进行。显然，这些特定条件也是主体的需要。总之，"公开"是唯一公正解纷的审判程序。公开审判程序及其一切应具备的条件都是主体需要。

2. 客体公开价值实现

实现客体价值是十分复杂的动态过程，容易产生一些模糊认识，在实践中迷失方向。下面将从弄清楚具体价值取向入手，由浅入深地阐述主客体互动作用关系，回答如何满足主体需要实现客体价值。

（1）客体价值是解决实体纠纷

① 客体价值是解纷不是办案。客体是诉讼案件启动的，表现为办案活动过程。往往被误认为判决结案就实现了价值。价值大小以办案质量好坏、数量多少为标准，势必导致混淆解纷与办案的关系，误导客体价值取向。

解纷与办案是内容与形式的关系。前者为本，决定后者；后者为末，为前者服务并反作用于前者。纠纷是主体双方形成的。如果以解纷为标准，客体就会以主体需要的价值取向，将办案按照解纷规律设计、运行。由主体双方评判价值，使解纷与办案有机结合统一，客体价值得以实现。反之，如果以办案为标准，客体价值取向就会偏离主体需要，使办案的设计、运行违背解纷规律，由客体评判自身价值，使解纷与办案相割裂，难以实现客体价值。

② 客体价值是解决实体纠纷不是解决程序纠纷。纠纷是实体权利被侵害

引发的。然而实体往往被误认为只是请求事项，事实、法律和证据属于程序，似乎判明请求事项纠纷就解决了，使客体价值模糊不清。可见，弄清楚纠纷内容是十分必要的。

实体权利的侵害不仅体现在请求事项上，也体现在事实、法律和证据上。主体双方纠纷是实体纠纷而不是程序纠纷。纠纷不仅是截然相反的请求事项，其所依据的事实、法律以及支撑事实的证据也是截然相反的。而且，纠纷根本在于事实、法律和证据。事实、法律和证据争议解决了，请求事项争议就迎刃而解了。合法、正当主张已经存在于双方争议之中，无须客体"赐予"。客体价值不在于证据数量增加、质量提高和法律事实的"创造"，而在于通过对现有证据的正确确认，使合法、正当一方当事人主张的事实上升为法律事实，最终支持其请求事项。可见，主体双方争议的请求事项、事实、法律和证据都属实体纠纷。客体只有解决全部实体纠纷才能实现价值。

（2）审与判有机结合才能解决纠纷

客体中的审与判是有机结合的统一体。纠纷的解决最终依靠体现国家法律强制力的判决来实现。然而，"判"往往被误认为只是对请求事项的确定，其他都属于"审"，这种认为只审不判就能查清事实、辩明法理的观点，使两者割裂开来，给解决纠纷实现客体价值带来误区和障碍。

主体双方纠纷是在客体和非法、非正当一方向合法、正当一方转化、接近、统一中解决的。客体主体化依赖于法官公正品质、公正能力和公正形象；主体客体化却主要依赖法律强制力，通常不是自愿的。法律强制力不仅体现在对请求事项的判决上，法官在法庭上进行"审"，通过双方举证、质证之后对证据和事实确认，通过双方辨法析理之后对法律适用的确定等，也体现着法律强制力。无不以其特有的"判"的价值作用强制非法、非正当一方向合法、正当一方转化进而解决着纠纷。可见，审判就是解纷。审与判有机结合统一才能有效地解纷，实现自我价值。

（3）公开解纷就是公正解纷

公正审判包括公正保护实体和公正解纷程序两个方面。公正保护只能满足一方主体需要，公正解纷却能满足双方主体需要。公正保护未必公正解纷，公正解纷必然公正保护。公开审判是唯一的公正解纷程序。因此，客体价值在于以公开解纷实现公正解纷。

① 公开使审与判有机结合统一。客体的核心是审判权行使。审判权是完整统一的，不可割裂，否则，势必破坏审判权的正确行使。审为判指明了方向和内容，判为审注入了法律强制力。两者被割裂是因为在现实中往往在庭下行使判决权，在庭上行使审理权。公开的实质是摒弃暗箱操作，使审判权在公开开庭的状态下行使。实现审与判有机结合统一，恢复审判权的完整性，按照客观规律要求和开庭情况自如地综合运用，既发挥审与判的各自功能作用，又形成两者整体的功能优势。

② 公开解纷。公开行使审判权只是为解纷提供了必要条件，还要具体、深入地分析审判权怎样公开行使才能使审与判有机结合统一解纷。解纷贯穿公开审判的各个阶段，是公开审判的互动过程，公正解纷同步公正保护。因此，公开解纷就是公正解纷。

第一，解纷贯穿公开审判的各个阶段。在请求事项、适用法律、事实、证据等各个方面的争议中，后一方面依次是前一方面的原因、依据。公开审判按照纠纷形成和解决规律设置固定的调查—辩论—最后陈述—宣判四个阶段，亦即公开审判价值链。前一阶段是后一阶段的基础。证据争议不解决就无法解决事实争议；事实争议不解决就无法辨法析理、分清是非曲直、正确适用法律；最后陈述是针对确认的证据事实和适用的法律，如果前两个阶段只审不判，最后陈述就会失去作用，可能变成上诉理由；宣判不过是在前三个阶段确认事实证据、适用法律、辨明是非基础上作出的最后全面结论，否则就无法判明请求事项。只有解决了前一阶段的纠纷才有可能解决后一阶段的纠纷。主体双方亲历参与各个阶段纠纷的解决才能充分感受到解纷的公正性。可见，解纷并非最后宣判一个阶段。公开审判价值是每个阶段逐一升值实现的。只有在各个阶段全面、全程解决各方面纠纷才是公正解纷。

第二，解纷是公开审判互动过程。首先，形成诉讼案件的解纷都具有一定复杂性。有的事实要由多个相互关联的证据证明，有的所举证据不全，有的是虚假证据等，有些事实要适用多种法律或者多个法条，等等。在形成原因上，有的主体是明知而故意，有的是不知而过失，有的是双方都有故意和过失，等等。同时，针锋相对的实体之争使双方在程序上激烈对抗，也加剧了纠纷的复杂性。其次，公开审判互动才能查清、辩明事实争议，公正解纷。诉辩是解纷的基本形式。越是复杂的纠纷案件，越需要深入、激烈的诉辩；

诉辩离不开法官组织、指挥。因而，法官与主体、主体之间有效、顺畅的互动是诉辩的动力。然而，只审不判不过是双方主体举证的口头简单重复，互动诉辩也只能是浅层次的，从而失去了客体价值作用。庭上公开行使审判权，适时对双方证据、事实、法律等争议进行裁判，形成有力互动和深入、激烈的诉辩，可促进查清事实、辨明是非。主体可对裁判当即提出异议，发现裁判有误，及时纠正；如果无误且主体已言尽，推进了解纷。合法、正当的法律事实"真相大白"；非法、非正当主张"原形毕露"。在此基础上作出最终宣判才是对全部纠纷的公开解决，这样使主体双方都能具体、深入地感受到客体公正。总之，在各个阶段公开行使完整、统一的审判权，才能产生三方互动作用，在各个阶段有效地解决各个方面的纠纷。公开解纷就是公正解纷。

第三，公正解纷同步公正保护。公正保护不是独立价值，是公正解纷的必然结果。侵权通常是纠纷形成的原因。纠纷之所以要通过公开审判的各个阶段从各个方面才能解决，是因为侵权是由各个方面构成的。保护合法、正当权利依赖公开审判的各个阶段公正解纷；没有纠纷的公正解决就没有权利的公正保护。如果在某个阶段的纠纷没有公正解决就会给公正保护权利留下隐患。可见，合法、正当一方的实体权利在客体公开审判中实现公正解纷、价值同步受到保护才是公正保护。

（三）法官的价值

客体运行首先要科学配置审判权力。法官制是公开审判唯一科学的权力配置模式。因而，法官是审判程序主体，却处在价值客体地位。客体价值实质是法官价值。价值关系中主客体互动转化，是主体与法官之间的互动转化。公正实体与公开程序的统一，是主体与法官的统一。

1. 法官是主体价值需要

法官能使客体公开运行，因而是主体需要。主要表现在亲历性和信任性两个方面。

（1）主体需要法官亲历行使审判权。根本对立的主体双方矛盾尖锐，都力图将自己诉辩请求事项、事实、证据、法律等理由，直接面陈行使审判权的法官，使其听清、理解、采纳，求得支持、保护，作出有利于自己的判决。判决不仅是对请求事项的决定，更多的是对每个证据、事实的法律适用作出裁判。因此，主体参与公开审判，就需要法官亲历法庭行使审判权。

（2）主体需要信任法官行使审判权。主体双方的根本对立，使其最忌讳法官偏袒对方。避免、打消这种疑虑不仅需要值得信赖和依靠的客体，更需要值得信赖和依靠操作客体的法官。如果法官或者其他人员在庭下行使审判权就破坏了法官制，也就失去了主体对法官的信赖和依靠。因此，主体需要法官在庭上行使审判权，以增强对法官的信任性。

2. 法官对主体需要满足

法官价值实现集中体现在法官亲历法庭自主行使审判权，以增强主体的信任性，形成主体与法官互动、转化、统一。

（1）法官自主组织、指挥庭审。法官行使审判权亲历参加审判全过程。一是正确确定出庭人员和举证、出示的证据材料等一系列开庭事宜。二是保障主体等人员的诉讼权利义务依法平等行使、履行。三是根据案件审判进度和变化指挥、调度出庭人员举证、发言、陈述、辩论，并给予主体双方均等的机会。

（2）法官自主适时裁判。法官在庭上行使审判权，当面直接听取陈述、辩论、鉴定结论、证人证言等；观看物证、书证、视听资料等；有针对性地发问、引导，审清案情，辩明法理。对每个证据、事实适时适用法律加以确认，对每个主张进行评判。形成三方互动，不断将审判引向深入，逐步促成非法、非正当一方主体通过法官向合法、正当一方主体转化，使法官在满足主体公开解纷需要中接近、统一于合法、正当一方主体。

（3）法官自主运用调解职能。调解是理想的结案方式，不仅解决了双方纠纷，还能消除对立情绪促进和谐。然而，调解必须建立在基本事实清楚、分清是非责任的基础之上。审清事实、分清是非不是一次性完成的，也不是只审不判就能完成的，而是法官行使权力经过反复审理，又经过多个环节裁判逐步实现的。如果不当庭对双方争议的法律、事实、证据进行裁判，就无法审清事实、分清是非，也无法使当事人双方趋向接近。可见，调解也不能坐等自愿转化，必须在强制转化基础上进行。如果法官尤权当庭裁判，等到庭下研究决定裁判事项后再调解势必失去机会。

（四）法官独立的价值

审判权相比立法权和行政权，是国家权力中最为脆弱的部分。作为权利救济的最后一道防线，不独立行使审判权，就会失去其存在的意义。法院独立行使审判权是宪法所规定的，从理论和制度上解决了国家层面的政审不分弊端，排除了法院外部干扰、影响，保障了法院自主行使审判权。但是，法院内部政审不分严重制约着法官制。法官独立理论和制度是解决法院内部政审不分的有效措施，是法官制的根本保障。

1. 法官独立行使审判权是主体的价值需要

法院的司法行政职能是保障审判。政审不分，不仅会导致司法行政长官在庭下行使审判权时影响法官公开审判，而且还会导致缺少或者削弱对审判的保障进而影响法官公开审判。因此，法官独立行使审判权，解决政审不分是主体的价值需要。

（1）主体需要法官独立行使审判权。法官亲历庭上自主行使审判权才能实现公开审判，是不以人的意志为转移的客观规律。政审不分使两种权力混淆，权力与职能错位。履行司法行政职能的长官在庭下行使审判权；在庭上履行审判职能的法官却无权裁判。这样完全背离了审判权运作规律，无法满足主体的法官公开审判价值需要。因此，实行法官独立，使政审分开、各自复位是主体价值需要。

（2）主体需要法官独立行使审判职能。公开审判不仅要发挥法官职能，还必须发挥司法行政职能以做好大量庭前准备等保障工作。例如，立案、指导举证、依职权取证、委托鉴定等。每项准备工作的缺少或者质量差都会影响法官公开审判。政审不分不仅会使法官也履行部分司法行政职能，而且司法行政人员的职责是向其长官负责而不是向法官负责，故极大地影响了司法行政职能的发挥，也极大地影响了主体对法官公开审判价值需要的满足。因此，实行职能政审分开强化司法行政职能，保障法官独立行使审判权，是主体价值需要。

2. 法官独立行使审判权对主体价值需要的满足

法院内部政审不分是法官制的主要障碍。满足主体需要主要是探索、遵循法官独立行使审判权规律，将审判与司法行政分开并分别建立科学制度。

（1）从职能上政审分开，建立科学的组织保障制度。政审不分使法官既行使司法行政权又行使审判权，法官既履行审判职能又履行司法行政职能，势必既削弱了审判职能，又削弱了司法行政职能。法官独立行使审判权，应将司法行政职能全部交由司法行政人员履行，专心履行审判职能。司法行政要瞄准法官公开审判需要，科学设置机构、职能、确立工作目标，建立科学运行机制，保障法官公开审判。

（2）从人员上政审分开，建立科学的人事保障制度。权力、职能的政审分开，必须由相应的人事制度作保障。政审不分使人员按照行政职务逐级提升。法官审判权力按照行政职务高低配置，必然制约着法官独立。以法官单列为主要标志的分类人事制度是法官独立的根本保障。必须按照分类人事管理规律，将法官单独序列，制定专门的法官制度，确保法官独立地位。

（五）法官中立的价值

法官若失去监督制约，其权力必然导致滥用，同样破坏法官制。法官中立是对法官进行严格有效的监督制约，是主体的价值需要。

1. 法官中立是主体价值需要

面对主体双方针锋相对的诉讼，法官的偏私必然侵害一方的主体权利。因此，主体十分需要法官保持中立以保护自己的实体和诉讼权利。

（1）主体实体权利的保护需要法官中立。主体双方纠纷发生于一方违法不履行义务，侵害另一方的合法权利。审判功能的作用在于通过对诉辩请求、事实理由的公正审判，矫正违法，保护合法，解决纠纷，恢复法律正义。然而，法官独立，保障法官充分自主行使审判权，并具有极大的自由裁量空间，不可避免地给法官带来滥用权力的机会、条件。法官偏袒任何一方的审判行为，都会造成新的侵害，亵渎法律正义。法官只有保持中立才能祛除偏私，正确行使审判权，公正解纷。因此，法官中立是主体实体权利保护的需要。

（2）主体诉讼权利的保护需要法官中立。主体实体权利是根本对立的，其诉讼权利同样是针锋相对的。有效的诉辩才能查清事实、辨明是非；诉讼权利的充分行使才能形成有效的诉辩。争讼是主体双方切身利益之争，其亲历参与全部审判活动，容不得法官有一丝一毫的偏袒。主体对程序的感悟、体验首先来源于行使诉讼权利状况。一方主体诉讼权利的行使，不仅依赖于对方履行法定诉讼义务，更重要的是依赖于法官的中立义务。法官在审判中对一方的偏袒，首先侵害的是另一方的诉讼权利。法官必须在法庭上保持中立立场，与双方保持同等距离，为双方提供平等地位、均等机会，才能有效地保护主体诉讼权利。因此，法官中立是主体诉讼权利保护的需要。

2. 法官中立是对主体价值需要的满足

主体需要法官中立，是因为担心法官自主行使审判权会偏袒对方、侵害自己的权利。满足主体需要就是要探索、遵循法官的中立规律，建立科学的法官监督制度，以有效保护主体诉讼和实体权利。

（1）遵循法官中立规律，建立科学的法官监督制度。一是中立深刻揭示了法官监督规律，是对法官切中要害的监督。应作为法官监督制度的灵魂，成为法官的座右铭，自觉严格信守。二是法官中立不仅保障了法官自主行使审判权，而且司法行政以充分的庭前准备等保障工作，满足了法官开庭审判的全部必要条件。法官没有任何必要和理由到庭下会见主体。因此，完全有必要和理由严格规定法官不得在庭下会见主体。同时，无论先前与主体是否相识，在案件审判期间，如果当事人主动接触法官，法官应当及时报告。三是如果法官与案件有利害关系，应当主动提出回避。四是中立是法官的根本义务，一旦违反中立规定就要受到严厉追究。

（2）严守中立，公正保护主体双方的诉讼权利。法官在开庭审判中必须严守中立义务，与主体双方保持同等距离，给予双方行使诉讼权利均等机会和条件，对双方违反法庭规定行为给予同等纠正、处罚，不得先入为主，既不偏袒一方，也不歧视一方，在询问言辞态度上也要给主体以中立的感觉。

（3）严守中立，公正保护主体双方的实体权利。法官不仅可以独立自主行使审判权，依法作出实体裁判，而且还具有极大的自由裁量权。因此，公正审判不仅靠法律约束，更重要的是靠法官深厚的法律素养和高尚的道德修养。法官必须以强烈的中立意识，牢固树立中立审判的意识。在审判法庭上不偏不倚，严守中立行使审判权，对主体双方的诉辩请求、事实证据、法律适用等都作出公正裁判，以保护主体合法的实体权利。

（六）法官被动的价值

独立和中立对法官公开审判形成科学、有效的保障监督。但是，法官对司法行政强烈的依赖性，主体双方之间激烈的对抗性，使法官独立、中立凸现出显著的脆弱性，主体迫切需要法官被动加以巩固、强化。

1. 法官被动是主体需要

（1）主体需要强化法官独立。一是国家立法规定法院独立行使审判权，意在与行政权形成科学的国家权力制衡机制。但是，国家行政掌握法院机构设置、人财物配备等司法行政权力。法院对行政有着强烈的依赖性。先天脆弱的审判权无法与强大的行政权相制衡。尽管立法规定法院独立行使审判权，但由于审判权显著的脆弱性很容易发生动摇，所以行政权无时不在影响、威胁着审判权的独立。同时，法院内部的法官独立直接受法院独立自主程度的制约。二是在法院内部，虽然法官独立使审判与司法行政分开，保障了法官制。但是，审判与司法行政密不可分、互相交融。从立案、准备到庭上书记员、法警等工作履职；从人员到法庭等物质装备建设，都离不开司法行政，呈现尤为强烈的依赖性、交融性。司法行政对法官独立的影响、威胁，无处不在、无时不有，也就对法官制构成了影响、威胁。在这种状态下，如果法官主动参与司法行政，就失去了独立性，也就失去了自身存在的价值，从根本上动摇、破坏了法官制，主体公开审判价值需要也无法满足。因此，主体需要强化法官独立。

（2）主体需要强化法官中立。法官独立确立了法官在审判中突出的核心、决策地位。同时，由于主体双方切身利益的根本冲突，为了最大限度获取利益，主体双方很有可能对法官进行拉拢、侵蚀、施压。对法官中立构成极大的影响、威胁，充分体现了法官中立的脆弱性。在这种状态下，虽然公开设定的特定条件，将法官严格限制在狭小的法庭审判台上。但是，法官无论是否受到主体侵蚀，也无论故意还是过失，只要表现出对一方主体主动，势必引起另一方的猜疑、不满，破坏法官中立，也就破坏了法官制，主体公开审判价值需要将无法满足。因此，主体需要强化法官中立。

2. 法官被动满足主体价值需要

法官独立和中立的脆弱性决定了必须特别保护。法官被动揭示了特别保护规律，是对法官独立和中立的有效保障监督。没有被动就没有独立和中立，也就没有法官制。

（1）法官被动保障法官独立。一是如果法院在当事人起诉之前主动超前解决纠纷，解决不了再受理案件，实质是以审判职权替代了国家行政职权，使两种职权相混淆，回到政审不分的状态，从根本上动摇、破坏了宪法规定的原则。因此，法院必须信奉、严守法院被动、不告不理的诉讼原则，为法官被动奠定坚实基础。二是如果法官主动离开法庭审判台到庭下或者台下履行司法行政职权。无论这种司法行政行为是否有益，实质上都是以审判职权替代司法行政职权，使两种职权相混淆，回到法院内部政审不分的状态。从根本上动摇、破坏了本来脆弱的法官独立。法官被动揭示了解决审判与司法行政矛盾的客观规律。主动性是行政权的显著特征。司法行政就是主动积极地为审判提供充分可靠的保障，由法官审理、裁判。如果司法行政被动，法官独立审判就不可能有充分、可靠的保障；法官审判主动还会与司法行政发生不必要的矛盾，破坏司法行政保障。审判的被动与司法行政的主动构成协调、流畅的矛盾运动关系，巩固、强化了法官独立。因此，法官必须在法院被动不告不理基础上，信奉、严守被动原则和制度，以满足主体价值需要，对法官独立形成充分、可靠的保障监督。

（2）法官被动监督法官中立。法官中立使法官在法庭审判台上行使审判权，是对法官审判活动空间的严格限制。法官不仅不能离开法庭，也不能离开审判台。法官审判靠被动地听、看双方的诉辩主张、举证；查清事实、辩明是非。既不是主动帮助、支持弱者一方提高能力与对方抗辩；也不是主动帮助、支持双方举出或者查出新证据。因为现成的证据不充分、不确实，查不清、辩不明不是失职；主动帮助查清、辩明却是失职。审判权的主动，必然打破法官与主体双方的同等距离以及主体双方均等的诉辩机会，破坏法官中立。法官的被动与主体的主动构成协调、流畅的矛盾运动关系。因此，法官必须信奉、严守被动原则和制度，以满足主体价值需要，对法官中立形成充分、严格的保障监督。

（3）法官被动调节、平衡独立与中立的关系。法官独立与法官中立是对立统一关系。法官被动分别对独立、中立形成保障监督。但是，两者必须保持相对平衡才能形成整体价值作用。以法官被动调节两者关系，实现独立和中立的统一，是对两者整体的巩固、强化。

法官独立使政审分开，法官得以自主行使审判权。为防止法官滥用权力，需要加强监督以保证法官中立。法官中立监督水平的提高，又反过来需要提高法官独立保障水平。如果法官履行司法行政职能必然破坏独立，同时还因为与主体双方同等距离发生变化也破坏了中立。如果法官在庭上滥用审判权偏袒一方主体，不仅破坏了中立，同时还因为法官权力过大也破坏了独立。不仅如此，独立与中立相互依存、相互促进、相互制约的矛盾运动关系要保持相对平衡，否则，法官无法进行公开审判。两者关系又是经常不平衡的，否则，法官无法提高公开审判水平。因此，独立与中立矛盾运动不断打破平衡，又不断提高到新水平的平衡，促使法官公开审判不断发展。可见，法官被动不仅分别保障、监督独立和中立，还是两者平衡的调节器。无论其中一方落后，还是提高过快，被动均可以有效地调节两者保持平衡状态，促成整体保障监督价值。

第二节　司法行政的价值

司法行政价值是以高质量保障为核心的兼任行政长官、配属、平等、主动体系（见图4-2）。

图4-2　司法行政价值示意图

一、客体的核心价值

客体自成系统。以高质量保障本质决定的价值为核心才能形成体系。

（一）主客体

司法行政满足需要的对象就是价值主体。从立案开始既要满足当事人诉讼权利的保障需要，又要满足法官公开审判的保障需要，要从中找准主体，避免迷失价值取向。

确定价值主体要以价值的客观性本质为根本依据。审判价值的客观性来自主体当事人。当事人决定审判的产生、方式、价值等。司法行政应法官公开审判而生。如果以此确定法官为主体，势必使价值的客观性大打折扣。设置司法行政并非法官的主观意志。当事人的公正解纷需要决定了法官只能履行公开审判职能，而不能任意履行司法行政职能。法官公开审判只是满足当事人需要的价值链上的一个环节，法官无论多么重要仍然是客体。可见，最终决定司法行政价值的是当事人，因而当事人是主体，司法行政是客体。

（二）主客体价值关系

主体因为需要公开审判而需要客体保障，高质量是客体的本质。因此，客体的核心价值是高质量保障公开审判。

1. 主体价值需要

公正解纷需要公开审判，效率解纷需要"两便"审判。"两便"审判方式是职能、人员政审合一。深入基层、调查研究、巡回审理、就地调解，充分体现了司法行政规律。简易案件当事人不需要司法行政保障。然而，公开审判必须政审分离，法官不得履行司法行政职能，在庭上履行审判职能需要保障。因此，主体产生了对客体的需要。不言而喻，主体不需要客体公正，而需要客体高效率。效率中的速度和成本不会对公开审判产生明显影响，主体对速度和成本并不关注，质量需要却是极其强烈的。主要是因为无论庭下的立案、准备，还是庭上的书记员、法警等履职工作出现质量问题，势必在影响公开审判，同时损害自身权利。可见，主体公正解纷需要非高质量保障不能满足。兼任行政长官、配属性、平等性和主动性是客体高质量本质的外在表现，对于实现高质量具有重要的功能作用，因而也是主体需要。

另外，客体高质量保障依赖于完善的制度。因此，党和国家完整的司法行政政策和法律是主体的显著需要。

2. 客体价值实现

（1）制定、实施保障和监督制度是实现客体价值的基本途径。客体是保障与监督对立统一体。两者各有不同性质、地位和功能作用。公开审判首先要具有各种必备条件保障才能正常进行。因而，保障是原生的和基本的。监督旨在防止审判权的滥用。如果一经具备保障条件审判权就不会滥用，也就不必监督了。因而，监督是派生的、非基本的。正是两者不同性质、地位和功能作用，使得在设置保障同时必须设置监督。监督寓于保障之中，有多少保障就要设置多少监督。审判是人在一定组织中运用法律及其物化工具进行的，需要组织、人事和物质保障。审判是国家制度的实施。在制定审判制度的同时要制定组织、人事和物质保障制度。然而，监督并非随着保障制度自然生成。在制定和实施制度时必须予以充分考虑，同步设计运行，从而形成主体需要与客体满足价值链。

由此看出，一是满足主体需要不仅是法院自身发展的结果，还必须依靠完善的保障监督制度。二是有力地佐证了人民法院要实现向党、国家和一般人民群众负责，与向作为当事人的特殊人民群众负责的一致性必须遵循公开审判规律。

（2）实现客体价值依赖整体功能。公正解纷价值是在包括客体在内的公开审判系统整体功能中实现的。其中，法庭调查、辩论、最后陈述和宣判等任意一个阶段不公开都会破坏整体功能，使公正解纷价值无从实现。客体也自成完整的组织系统。这个系统包括全部组织、人事和物质等保障制度的制定和实施。组织制度主要包括机构、职能设置；人事制度主要对法官等各类人员遴选、使用、待遇等作出规定；物质制度主要是物质装备建设和经费方面的一系列规定。国家制度不可能过于详尽，客体还要运用科学管理将系统要素组成有机统一整体，以整体功能而不是以部分功能保障公开审判。缺少其中任何一项个体功能也形不成整体功能。同时，任何一项个体职能工作质量问题损害的不是个体自身价值而是损害整体功能使客体价值无法实现。可见，整体功能才能实现客体高质量保障价值。

（3）保障与监督的作用关系。一是互相依存。例如，当立案、准备从审判中分离，由专门机构、人员履行保障了审判，就要同时规定法官不得在庭前会见主体就是有效监督。否则，如果法官仍然在庭前会见当事人便失去了监督，立案、准备保障也随之失去了生命。二是互相促进。例如，规定法官不得在庭前会见主体，审判中发现了庭前准备工作。庭前准备工作某个环节和缺失会破坏整体功能，要及时增加补充。准备职能的完善不仅提高了整体保障功能，还会减少法官借缺项谋取私利的机会而强化了监督。三是互相制约。如果司法行政工作质量不高必然影响整体监督质量。例如，法官可能因一个错误鉴定偏袒一方主体并且不承担责任。保障与监督矛盾运动贯穿客体发展全过程，从而形成逐级升值的满足主体需要的保障监督价值链：立案—准备—开庭—主体。

二、客体价值体系

客体与审判既要分立又要融合，既要保障又要监督，既要遵循公正规律又要遵循质量规律，处在重重矛盾的两难境地。法官兼任制、配属性、平等性和主动性等巧妙地解决了这些矛盾。在高质量保障中都具有重要价值作用。

它们之间有着深刻的内在联系，围绕高质量保障形成不可分割的价值体系。

1. 兼任行政长官的价值

兼任行政长官是实现客体价值唯一科学的权力配置模式，因而是高质量解纷的首要标志和措施。审判是专业性非常强的职能工作，如果由不会审判的人员担任司法行政长官不可能形成高质量保障；法官有专业水平却不能以法官名义发号施令。兼任制有效地解决了这一矛盾。法官兼任的行政长官首先是优秀的法官，以其良好的公正形象引领客体人员向公开审判负责，能够达成向行政长官负责与向法官负责的一致性。法官具有深厚的道德、法律修养和丰富的审判经验，最清楚怎样保障监督才能公开审判、公正解纷。以行政长官名义领导管理各类客体人员在实施制度中制定具体质量标准，建立科学机制实现高质量保障监督价值。兼任制也有利于配属性、平等性和主动性落到实处。

2. 配属性的价值

配属性有效地解决了客体与审判既不能混淆又要融为一体的矛盾，是高质量解纷的重要标志和措施。审判对客体保障需要事无巨细，应对随时发生的情况，必须全面、及时、准确，临时调配是无济于事的。客体在法官兼任的行政长官领导下配属于审判，既保持相对独立履行自身职能，又与审判水乳交融、密切配合；既遵循高质量保障规律又遵循公正解纷规律。同时，根据各类司法行政职能、人员不同规律特点进行配属。科学配属使客体与审判有机结合统一形成整体功能，可见配属性对于高质量保障的重要价值作用。

3. 平等性的价值

平等性有效地解决了对法官难以监督的矛盾，是高质量解纷的重要标志和措施。一是配属性为分立的客体保障提供了条件，但同时又带来客体听命于法官弱化监督的可能。平等性科学地确立了客体与审判的地位关系，有效地防止了在职能履行中新的混淆，使客体人员在法官兼任的行政长官领导下，按照公开审判要求遵循司法行政规律履行职能，监督法官忠实地履行法定义务，正确行使审判权。法官虽然位高权重，但在履行职能中与客体人员是平等关系，必然会充分尊重监督自觉信守义务。二是配属使客体内部各种职能形成整体，但同时会带来各类人员形成上下级关系造成职能混淆不利于监督的可能。因此，在客体内部各类职能、人员之间确立平等地位关系可以遵循各自职能规律和形成科学监督。三是保障双方主体合法的诉讼权利是客体的重要职责。他们要求公正审判，以求公正解纷，法官要保持中立。但主体对客体的需要往往差异很大。例如，原告需要多个保全措施，被告需要多个调查取证。如果客体也按照中立要求，相等地保障就无法满足需要。客体价值作用在于以不相等保障为法官中立创造条件。因此，客体不能与主体双方保持相等距离，但要保持平等对待。只要合法，谁需都帮、有需必帮。平等保障双方诉讼权利对法官中立是有效的监督。总之，客体内部人员之间及其与法官之间、主体双方之间的平等地位关系对于科学监督实现高质量解纷具有重要价值作用。

4. 主动性的价值

主动性极大地强化了客体配属保障和平等监督，是高质量解纷的重要标志和措施。行政工作具有主动性，上下级之间、同级之间的保障监督是顺畅、有效的。但是，客体保障监督的是被动的法官，这就尤其需要主动性加以弥补。一是主动性使职能超前。立案、准备是庭前职能工作，按照主动性要求就必须超前预见庭上需要，等到开庭以后发现问题再补救只能是亡羊补牢。二是主动性使质量提高。立案准备等职能工作是复杂的，必须使全部客体人员牢固树立强烈的质量就是生命的意识，主动、积极、创造性地探索质量规律，建立科学的质量管理机制，确保形成整体高质量保障。三是主动使"法官主动"。行政长官的工作理念、方式具有举足轻重的关键作用。兼任制充分发挥了法官优势，同时带来以法官习惯了的被动理念、方式进行领导的可能。主动可以警示行政长官在变换身份的同时也要能动地变换工作理念和方式，遵循司法行政规律领导客体人员做好保障监督工作。

三、执行的价值

执行具有司法行政的一般价值又有特殊性，加以揭示对于深刻认识执行规律是十分重要的。

（一）主客体

客体司法行政的价值主体是双方而不是一方当事人。这是因为起诉后审判程序终结前，谁是谁非尚不清楚。与之不同，申请人依据的生效法律文书，已确定了法律权利享有者和法律义务承担者。申请执行是因为被执行人拒不履行法律义务，已经明确地侵害了申请人的权益。全部执行活动都是强制被执行人履行义务，保护申请人的合法权利。可见，被执行人已经不再是主体，申请人是主体，执行是客体。

另外，执行异议程序价值主体是特殊的。如同审判程序，执行中提起的异议裁决程序又使是非曲直处于不确定状态。双方当事人以及案外人是价值主体，异议裁决程序是客体。

（二）主体价值需要

审判价值主体需要公正、司法行政价值主体需要高质量保障，这是双方当事人之间的解纷决定的。执行价值主体的权利已经确定，需要必然发生变化。申请人请求保护合法权利既不需要公正，也不需要速度快、成本低，唯有高质量执行才能实现目的，因而是主体的需要。另外，异议裁决属例外，其价值主体需要公正。

（三）客体价值实现

价值实现就是揭示客体怎样才能满足主体需要。高质量执行是根本价值取向，处在核心位置，既是主体需要又是满足需要的根本途径，决定着一切执行活动。

1. 规模化机构的价值

规模化机构既是高质量的要求又是实现高质量的基本条件。如同家庭小作坊不可能生产出高质量的物质产品。案件人员少、分工简单的非规模机构是不可能高质量执行的。达到一定规模的机构使决定与实施、执行与裁决、执行与法警等职能分开，各类人员专业化分工、精细操作，相互之间密切协作、有力监督，必然实现高质量执行。

2. 程序化措施的价值

强制措施是执行的主要方法、形式。程序化克服残缺不全、支离零碎、零打碎敲等弊端。针对被执行人逃避、抵制、抗拒执行的种种违法行为，充分利用信息技术等手段，打造手段多样、疏而不漏、有序运行的强制措施系统。高质量的强制措施不仅有效地保护了申请人的合法权利，还能促进国家法治建设乃至社会和谐。

3. 公开化裁决的价值

异议裁决既不同于执行也不同于异议之诉审判，兼有两者特点。作为执行特殊程序的公开化，针对案情简单、争议较小，既吸收了执行与审判的长处又避开了短处。异议复议程序防止了不必要的烦琐审判程序速度过慢、成本过高；公开化的简易听证程序又使双方当事人听得清清楚楚、辩得明明白白，易于消除矛盾、速裁纠纷，最终保障了执行的高质量。

（四）价值体系的作用

高质量核心决定的司法行政价值体系在执行中具有特殊的具体作用。

1. 兼任行政长官

兼任行政长官的法官通晓法律，深刻理解生效法律文书的含义，熟练运用强制措施。确保了执行决定的高质量。同时，行政长官的名义又明确了与其他执行人员之间，上级与下级、决定与服从执行的关系，为高质量执行奠定了科学的组织基础。

2. 配属性

配属性表明既密切联系又不依附归属、既配合协作又监督制约的关系。行政长官与其他执行人员履行一种职能、遵循一个规律。执行配属审判，异议裁决、评估拍卖等配属执行，各司其职遵循不同规律，合成整体价值作用，发现错误有权不予配合，否则要承担责任。配属性对于高质量执行的重要意义显而易见。

3. 平等性

申请人与被执行人是侵害与被侵害关系，如果平等保护势必破坏高质量执行甚至加剧侵害。行政长官与其他执行人员是上下级关系，如果地位平等就会因破坏决定与服从执行关系而破坏高质量执行。与之相反，执行与审判、异议裁决、评估拍卖等之间是平等关系，确定、巩固、强化了各类职能遵循自身规律，发挥不同优势合成整体优势，必然提高执行质量。

4. 主动性

被执行人被动消极甚至无所不用其极地逃避、对抗执行，不仅侵害了申请人权利，给执行带来很大工作量和压力，还破坏了社会秩序。面对软弱无奈的申请人和复杂多变的被执行人，行政长官等执行人员及其他各类人员都具有主动性，就能充分发挥各自职能优势形成合力，提高执行质量。

综上所述，审判的公正解纷价值与司法行政的高质量保障价值相互依存、相互作用、缺一不可。两者并非并重而是主从关系。法官、司法行政全体法院人员都要全身心地聚焦公正解纷。两个个体合成高质量保障公正解纷的人民法院整体价值（见图4-3）。

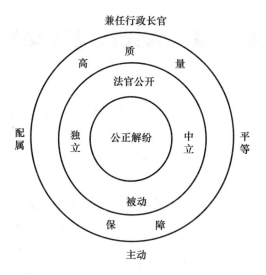

图4-3 人民法院价值体系示意图

第五章　人民法院的发展

第二章和第三章为本质论，第四章为价值论，本章为发展论。"三论"构成完整的审判哲学理论体系。人民法院的发展与价值实现是对立统一关系，在发展中实现，在实现中发展。辩证唯物主义认为，外因是生存发展的重要条件，内因是生存发展的根本原因，是动力、源泉。作为审判活动载体的人民法院，要以党、国家、人民与当事人统一于法律的理念、原则解决外部环境的矛盾关系。内部矛盾纷繁复杂、千变万化，要从法院构成入手揭示发展规律，以求纲举目张、事半功倍之效。

第一节　人民法院构成及其发展方法

一、人民法院构成

人民法院是国家审判机关。其构成是审判与司法行政两个个体，通过文化、政治、经济结构合成整体公正机关（见图5-1）。

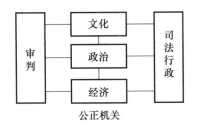

图 5-1　人民法院构成示意图

（一）个体

1. 审判

任何社会都有纠纷，国家必须设立审判机关加以解决。商品经济社会的纠纷必须采用公正的审判才能解决。没有社会需要的审判，就没有必要投入大量人力、财力、物力设立法院。可见审判是必要的个体。

2. 司法行政

实现公正解纷价值依赖法官公开、独立、中立、被动地审判。法官不能自行公开审判，需要高质量的保障监督。兼任行政长官、配属、平等、主动的司法行政才能满足公开审判需要。可见司法行政是必要的个体。

（二）结构

两个个体必须形成文化、政治、经济结构关系才能合成整体。

1. 文化

无论是审判还是司法行政职能都是人履行的，人的行为受思想支配，思想的融合是结构的首要属性。思想融合就是通过教育将党的路线、方针、政策，国家法律，审判哲学等文化理论知识变成法院全体人员的思想并达成共识，成为行为的指南。

2. 政治

思想通常支配行为。但人的思想差异很大，加之各类职能的特殊性，要以政治规范人的行为才能实现公正解纷目标。政治是结构的重要属性。政治规范就是在党的政策和国家法律基础上，通过管理将各类人员的行为规范在职能范围内，使之严格遵循客观规律。

3. 经济

法院必须有足够的人力、财力、物力支撑，但不能单纯以投入多少为标准，要在符合公正文化、政治要求前提下尽量减少投入。经济标准是结构的重要属性。

（三）本质

人民法院与社会组织本质的区别和联系在于"异素同构"。相同的结构和特有的个体，形成和谐与公正叠加、凝结的法院。

1. 和谐的机关

和谐即配合、协调、融洽，是一切社会组织产生、存在、发展的根本标志，因而是本质所在。无论什么社会组织，只要个体之间具有"文政济"结构就会形成和谐。法院两个个体的审判内部、审判与司法行政、司法行政内部之间错综复杂的关系，依靠公正审判观、方法论统领下的"文政济"调整、凝结。因此，人民法院首先是和谐的机关。

2. 公正的机关

公正是人民法院这一特殊国家机关的灵魂，是贯穿始终的生命线。公正解纷是党和国家赋予人民法院的神圣使命，是法院的核心价值取向，是法院生存、发展的根本标志，既决定着个体和结构，又是它们合成的。只有建成公正机关才能公正解纷，只有在公正解纷中才能建成公正机关。可见，建设和谐的公正机关，实现公正解纷价值是人民法院的发展方向。

二、发展的方法

习近平总书记指出，劳动是人类的本质活动，是一切成功的必经之路，是推动人类社会进步的根本力量。社会组织是最高级、最复杂的系统，既是立体又是非线性的，可以从多个视角呈现纷繁复杂状态。行政机关对外职能纷繁复杂，内部相对简明；恰好相反，审判机关对外职能简明，内部纷繁复杂。劳动是人民法院发展的根本力量。其由体力与脑力构成，通过计划、控制、组织合成整体效率（见图5-2）。决定管理、教育、技术、科研等劳动方法，既有联系又有所区别，建设公正机关实现公正解纷决定了劳动方法的特殊性，因而要深刻理解、正确运用四种方法并合成整体效能推动发展。

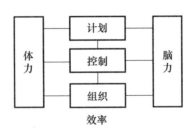

图 5-2　劳动构成示意图

（一）管理

从审判、司法行政职能都是人的行为的视角而言，人与人的关系需要政治加以规范，但政治是结构不是方法。管理是规范行为、建设政治结构的有效方法。行政是效率机关，其上下级关系决定采用宝塔式管理。法院是公正机关，审判与司法行政的并行关系决定采用扁平式管理，分为审判和司法行政两大管理。人民法院及其内部的大小系统无不是通过管理合成整体性能的。

1. 审判管理

审判管理是开庭审判过程的管理。其构成是法官与决策两个个体，通过计划、组织、监督结构及其控制，合成公正整体决策效率（见图5-3）。

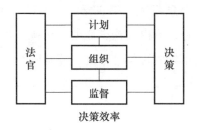

图 5-3 审判管理构成示意图

（1）个体

① 法官。审判管理是管理者针对管理对象的行为。法官是管理者；审判法庭上的当事人、诉讼参加人、司法行政人员等全部人员以及场所、审判台、服装、标识、音响、网络等全部物质设备都是管理对象。

② 决策。决策是管理者的行为形式，是对两个以上法律、策略方案的选择、决定。管理者作出决策其对象才能服从执行。法官在开庭过程中组织指挥管理对象，必须实时对案件及其庭审活动作出判断、决定，使审与判有机统一才能公正解纷。

（2）结构

管理是人对人或者是通过人对物的活动。管理者与其对象之间运用先天器官的信息系统便形成控制，不与计划、组织、监督相并列，但是个体之间的结构必须通过信息控制才能合成整体。

① 计划。计划是法官为实现公正解纷，对公开审判过程制定的具有科学性、目的性、预见性的目标、措施、制度方案。计划控制是指计划决策和对管理对象发出的决策内容，必须是在品质真实、数量充分、过程有序的确定性信息系统的控制之下。

② 组织。组织是法官在实施计划过程中，对公开审判活动实时作出具有自由性、协作性、有序性的组织决策。组织控制是指组织决策和对管理对象发出的决策内容，必须在信息系统控制之下作出。

③ 监督。监督是法官为预防、纠正公开审判的错误，对计划、组织决策及其控制的自我约束的监督决策。监督控制是指监督决策和对管理对象发出的决策内容，必须在信息系统控制之下。

④ 控制。控制虽不是并列的结构属性，但个体、结构的联结及其合成整

体必须在控制之下。控制是信息系统的功能。信息的本质是表现，不确定的表现不具有控制功能。信息系统是信息器官、工具（手工、机器）与信息两个个体，通过真实、充分、有序结构合成的整体确定性表现（见图5-4）。要遵循信息控制规律打造审判管理信息系统，控制审判全过程。

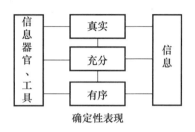

图 5-4　信息系统构成示意图

2. 司法行政管理

司法行政管理是保障审判的管理。其构成是行政长官与决策两个个体，通过计划、组织、监督结构及其控制，合成高质量整体决策效率（见图5-5）。

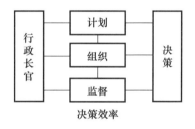

图 5-5　司法行政管理构成示意图

（1）个体

① 行政长官。行政长官是管理者。除了在法庭上开庭的法官之外，包括庭下法官在内的庭上庭下全部人财物都是管理对象。

② 决策。行政长官在管理对象保障公开审判中，必须实时对所需的人财物、制度等作出判断、决定，才能高质量保障法官公正解纷。

（2）结构

① 计划。计划是行政长官为实现高质量保障，对司法行政过程制定的具有科学性、目的性、预见性的目标、措施、制度方案。计划控制是指计划决策和对管理对象发出的决策内容，必须在信息系统的控制之下。

② 组织。组织是行政长官在实施计划过程中，对司法行政活动实时作出

具有自由性、协作性、有序性的组织决策。组织控制是指组织决策和对管理对象发出的决策内容，必须在信息系统控制之下。

③ 监督。监督是行政长官为预防、纠正保障的错误，对计划、组织决策及其控制的自我约束的监督决策。监督控制是指监督决策和对管理对象发出的决策内容，必须在信息系统控制之下。

④ 控制。参见审判管理控制。

（二）教育

审判、司法行政职能行为都是从思想支配的视角而言，人的思想需要文化加以融合，但文化是结构不是方法。教育是融合思想建设文化结构的有效方法。分类化人事制度决定分类化教育。其构成是行政长官与传授两个个体，通过计划、教学、考试结构及其控制，合成整体分类化传授效率（见图5-6）。

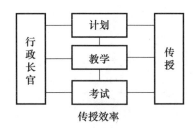

图 5-6　教育构成示意图

（1）个体

① 行政长官。行政长官通常由资深的优秀法官兼任，审判和司法行政素质水平都很高，必然是合格的教育者。全院法官、司法行政人员是教育对象。

② 传授。审判及其保障是历代积累的知识、技能的正确运用，学习者不可能"自学成才"。所以教育的价值就在于使知识、技能世代相传。行政长官传给、授予，学习者才能接受、认知高质量的传授。

（2）结构

教育是人对人的思想活动。教育者与其对象之间运用先天器官的信息系统便形成控制，不与计划、教学、考试相并列，但是个体之间的结构必须通过信息控制才能合成整体。

① 计划。计划是行政长官为提高各类人员素质水平，对传授过程制定的具有科学性、目的性、预见性的目标、措施、制度方案。计划控制是指计划决策和对教育对象发出的决策内容，必须是在品质真实、数量充分、过程有

序的确定性信息系统的控制之下。

② 教学。教学是行政长官在实施计划过程中，对对象实时进行具有自由性、协作性、有序性的传授活动。教学控制是指行政长官的传授与对象的学习活动必须在信息系统控制之下。

③ 考试。考试是行政长官为使对象达到会审判、会保障的素质水平，对对象的理论、实践的检验。考试控制是指考试及其对象必须在信息系统控制之下。

④ 控制。参见审判管理控制。

（三）技术

从审判、司法行政职能依赖物质装备视角而言，审判、司法行政需要加工制作经济性的物质装备，但经济是结构不是方法。技术是建设经济结构的有效方法。人文化是法院物质装备特点。技术是由技术者与工作两个个体构成，通过设计、控制、组织结构合成人文化整体工作效率（见图5-7）。

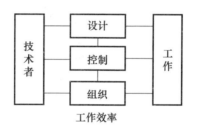

图 5-7　技术结构示意图

（1）个体

① 技术者。物质装备的设计、制作必须由既熟练掌握知识、技能，又通晓审判文化的技术人员担任。其对象是相关的机器、物质材料等。

② 工作。无论是手工还是机器都要做工完成。因而工作是技术的形式。

（2）结构

技术是人对物的活动。物质不能自行控制，同时也不需要监督。人工控制就能合成整体。

① 设计。制作物质装备必须以成熟的科学为依据，否则就会失去经济性，因而计划改为设计。设计是技术者为人文化物质装备，对工作过程制定的具有科学性、目的性、预见性的目标、措施、制度方案。

② 控制。控制是指设计与组织之间必须具有品质真实、数量充分、过程有序的确定性信息系统的控制，既能使组织按照设计要求组织制作，又能及

时反馈组织制作情况。

③ 组织。组织是在设计控制下的加工制作活动。

（四）科研

从审判、司法行政职能依赖客观规律视角而言，审判、司法行政需要科研发现、整合科学知识。科学不仅是重大的、基本规律的发现，还包括所有大大小小、应用规律的广义的发现。小的发现或者应用规律的发现缺少推广价值，但不能说没有科学价值。科研是由科研者与研究两个个体构成，通过计划、思维、实验结构及其控制合成整体研究效率（见图5-8）。

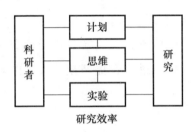

图 5-8　科研结构示意图

（1）个体

① 科研者。科研者是指具有一定科学思想和研究能力的人员，既包括从事法院科研的专业机构人员，也包括在职的法官、司法行政人员。

② 研究。研究是在信息系统控制作用下，将法院的客观情况通过人脑进行思维形成思想，又回到客观的过程。"研究"概念准确、全面地概括了这一过程。研究是法院科研的形式。

（2）结构

① 计划。计划是科研者为探索法院规律，对研究过程制定的具有科学性、目的性、预见性的目标、措施、制度方案。

② 思维。思维是思维器官按照科研计划，运用语言通过概念、判断、推理等方法，揭示法院性质规律的理性活动。只有思维才能实现科研计划。

③ 实验。实验是对法院科研提出的新理念、新方法等科学假说的检验和证实。对于改革方案的先行试点就是有效的实验方法。

④ 控制。参见审判管理控制。

（五）发展方法系统的整体运用

法院发展是运用科研方法发现科学规律，再运用管理、教育、技术等方法将科学规律凝结到审判及其司法行政的过程。四种方法相互依存、促进、制约，形成系统整体效能。

1. 管理的效能

管理是在对环境充分调查、论证，判明对法院的需要、期待基础上，规范行为、调整人与人的关系打造政治结构，围绕高质量保障公正解纷形成合理分工密切协作的整体效能。同时，教育、技术、科研必须分别实行管理，以既符合法院的整体要求又使自身形成整体效能。

2. 教育的效能

根据法院管理要求分类分级教育人，使之既融合思想凝心聚力产生共同的公正审判观、人生观、价值观，又具备各自岗位职责所需的素质能力。同时，管理、技术、科研必须通过教育提高相关人员的素质能力，以提高三种方法的效能。

3. 技术的效能

根据法院管理要求建设人文化物质装备，为公开审判打造浓厚的公正人文环境，使法官灵魂升华、强化公正意识，唾弃一切私心杂念，以使公正形象与公正环境相得益彰，使当事人亲身感受到公正的温暖。同时，管理、教育、科研必须通过技术提高物质装备水平。

4. 科研的效能

根据法院管理确定的课题研究、运用审判及其保障规律，以通过提高管理、教育、技术效能而提高整个法院的科学含量。机构职能、体制机制建设、人财物投入使用等方面的科学化水平大幅度提升，建设公正机关、高质量保障公正解纷目标必定实现。

第二节　审判方式

法院构成从静态揭示了属性，还要从动态揭示矛盾运动；劳动是解决矛盾的方法，还要揭示其背后的根本动力。因此，要运用历史唯物主义关于两类基本矛盾是社会发展根本动力的原理，进一步揭示法院内部的基本矛盾，深刻理解、把握发展规律。审判活动必须具备一定方式才能进行。审判方式凝结和运用着本质论和价值论原理。审判力和审判关系矛盾运动揭示了审判发展的基本规律。

一、审判方式的概念

审判方式由审判力和审判关系有机结合构成，是审判案件的方法和形式。

我们说审判方式是审判力和审判关系的矛盾统一体，并非人为地将它们赋予为审判方式。审判力和审判关系是不以人的意志为转移的客观存在，只不过是用哲学方法将其发掘出来，概括成新的哲学概念，以揭示审判发展的内部原因。这里的"方式"并非从法学具体个案审判的视角，回答如何庭审、举证、质证、认证、判决等，而是从哲学整体发展普遍规律视角，即从审判力和审判关系的矛盾关系中，阐发为什么审判、谁来审判、怎样审判等。这些问题虽然也是审判力和审判关系从部分和可能中所分别回答的，但是审判方式是从整体和现实中回答的。审判方式使审判力和审判关系形成有机统一体，从而将公正、公开理论与审判活动融为一体，实现了理论与实践的统一；审判方式理论为科学的审判制度设计指明了方向，实现了理论与制度的统一；审判方式使当事人价值需要与公开审判有机结合，又实现了实体与程序的统一。

二、审判方式的类型

从审判发展历史来看，可将其分为古代的神判方式、行政化审判方式以及现代的法官制公开审判方式、混合制公开审判方式和"两便"审判方式五种类型。

（一）古代方式

神判方式是虚无缥缈的，是愚昧、野蛮的，体现着所谓"神的公正"的价值取向。古代行政化审判方式通常是依附在行政机关中"人"的审判，因而是半似科学文明、半似愚昧野蛮的，体现着所谓"人的公正"的价值取向。虽然它们都与当时的经济社会相适合，有一定的历史作用，在个案审判中有一定的科学价值，却不是独立、完整的客观事物，也不能形成系统、完备的审判方式。因而，审判方式无法分解为审判力和审判关系。由此可见，审判机关的设立是审判方式内部形成审判力和审判关系矛盾运动的先决条件。

（二）现代方式

在现代社会，审判机关虽然已经从行政机关中分离出来，具备了建立公开审判方式的条件。但是，由于生产力发展的不平衡性，在同一时期的不同国家，在同一国家的不同地区，并存着多样化的生产方式，必然造就多样化的审判方式。

1. 法官制公开审判方式

法官制公开审判方式使审判力和审判关系实现了有机结合。不仅在形式上公开开庭，而且法官在独立、中立、被动的保障监督下自主行使审判权，自如地运用审判工具解决双方当事人纠纷，实现着公正解纷价值。作为现代商品经济社会特有的法官制公开审判方式是科学文明的，充分体现着"制度的公正"价值取向。同时，全面、系统地蕴含着审判力和审判关系对立统一的客观发展规律。

2. 混合制公开审判方式

混合制公开审判方式，之所以如此称谓是因为：第一，是公开审判方式。通常审判力已达到公开规模，并且在形式上也公开开庭。第二，审判权力配置混合制。同时，独立保障和中立监督关系尚未形成。第三，价值取向难以体现公正解纷。可见，这种审判方式虽然实现了形式上的公开审判，但是由于审判力和审判关系没有有机结合，因而，是不科学、不成熟的，是过渡性的审判方式。

3. "两便"审判方式

"两便"审判方式是处理简易纠纷案件的方式，可以称作"政审合一"的"两便"审判方式。之所以如此称谓，第一，"两便"审判方式并非公开审判方式，其处理的都是基本事实清楚、争议较小、易于调解的案件。首先，这些案件起诉受理后，有庭前调解结案和调解不成准备开庭审判两种情况。前者是审理调解职能，后者是审查准备职能。为操作简便降低成本，两种职能可以融为一体同步进行。审查伴随审理，庭前准备伴随庭前调解。调解不成，准备工作业已完成，转为开庭审判。其次，场所、方法多样化。办公室、调解室、田间地头、院落炕头等地都可，也不受审判台、法官袍、法槌等限制；单方会见、当面调解、托当事人亲友做工作等方式都可，只要简便、管用都可行。第二，庭前审理、调解职权配置于司法行政人员，审判职权配置于"政审合一"的法官，无须独立、中立的保障监督机制。第三，显而易见，之所以设置庭前审理、调解程序，完全是为了满足当事人效率解纷的价值需要。效率解纷是庭前审理、调解程序的价值取向。阐明简易案件的处理方式在理论认识和操作实践中都有重要意义，有利于划清两种性质的案件，分别采用不同处理方式，避免公开审判方式和"两便"审判方式的混乱，有利于两种方式价值的实现。

三、文化审判

文化审判虽然尚不是一种类型的审判方式。但是，其将审判看作一个文化过程，主张以人为本、以案为末，深刻揭示了审判案件与解决纠纷之间的辩证关系，是正确解决两者矛盾、推动审判发展实现价值的科学理念和有效方法。

（一）审判案件与解决纠纷的矛盾

当事人发生纠纷以案件形式起诉，法院依照法定程序进行审判结案，旨在矫正违法、解决纠纷、恢复正义和法律秩序。可见，审判案件是解决纠纷的必要形式，解决纠纷是审判案件的实质内容，两者应该是统一的。案件审结了，纠纷就解决了。然而，审判实践中经常会出现诸如案件结了却申诉不止，有的当事人想申诉却因为成本过高而放弃，有的当事人感觉上诉、申诉无望抱怨处理不公等问题，久而久之就影响了法院的公信力。可见，审判案件与解决纠纷存在突出矛盾。

（二）文化审判是解决人、案矛盾的科学理念和有效措施

审判案件与解决纠纷实质是人与案的矛盾，在处理两者关系中有两种截然不同的理念。

1. 文化审判理念

人类在改造自然中按照自己的意愿创造了物质文化。之所以称其为文化，是因为被改造的物质资料中留下了人的精神印记，可谓"人化"过程。人类在改造自然中获取了新的精神，提高了自身素质，可谓"化人"过程。人化与化人互为目的、手段才能推动社会科学发展。审判是社会活动，审判案件的背后是人与人的文化过程。通过案件审判中介，人（当事人）与官（法官）产生双向互动。从起诉开始到结案，伴随审判全过程进行着"人化官""官化人"。在公开审判中双方当事人诉辩使法官向合法、正当一方主张转化。

同时，以判决强制方法、手段为主，辅之以教育引导方法、手段使非法、非正当一方当事人认识转化。双方当事人纠纷正是在人与官相互转化中公正解决的。纠纷解决了，案件自然审结；案件审结了，纠纷未必解决。之所以选择法官制公开审判方式，就是因为这种方式能在法庭上的各个阶段有效解决纠纷，实现法官审判价值，而不是因为它能有效地审结案件。纠纷未解决的案件，审结再多也无从实现价值。

总之，文化审判在人与案的关系上，坚持以人为本，以案为末；在当事人与法官的关系上，坚持以当事人为本，以法官为末。不能本末倒置，逐本求末。解决纠纷是目的，审结案件是手段。法官价值取向是解决纠纷而不是审结案件。文化审判是正确解决人与案的矛盾，推进法官制公开审判方式的科学理念和有效方法。

2. 非文化审判理念

非文化审判理念认为审判是依法处理案件过程而不是文化解决纠纷过程。在人与案、法官与审判、当事人与法官之间的关系上模糊不清。重视审判案件，轻视解决纠纷。见案不见人，只要案件"依法"审结，任务就完成了，不重视当事人感受；重完成审判任务，轻提高法官素质。只强调为了完成任务而提高素质，忽视为了提高法官素质而进行审判实践；视法官为主导地位作用，视当事人为从属地位作用。不以当事人需要为价值取向，而以审结案件为价值取向；重法律标准，轻解纷标准。只要合乎法律规定就心安理得；重实体、轻程序。只将结果看成实体，只要结果正确，在审判程序各个阶段如何解纷无关紧要。混合制公开审判是依法进行的，虽然不能有效地公正解纷，却能"依法"审结案件，与非文化审判是一脉相成的，只能加剧审判案件与解决纠纷的矛盾，无法完成恢复正义和法律秩序的神圣使命，公正解纷价值无从实现。

（三）文化审判发展趋势

在公开审判方式发展过程中，文化审判只是一种非主导的理念和方法。当社会主义公开审判方式发展成熟之后，必然逐步提升为一种独立的审判方式类型。

文化审判方法与作为方式的文化审判根本区别是：前者以解决纠纷为目的，以提高当事人和法官素质为手段；后者以解决纠纷与提高当事人、法官素质互为目的、手段。前者体现着制度公正，公正解纷主要依靠公开审判法律制度强制作用，辅之以教育作用；后者体现着教育公正，公正解纷主要依靠教育作用，辅之以公开审判及法律制度强制作用。两者的主要联系是：前者是不可逾越的前提基础，是量的积累；后者是必然发展趋势，是质的飞跃。

文化审判从方法到方式的转变必须具备外部环境条件，主要是在经济充分发展基础上，生产资料所有制公有化。推动人的全面发展已成为国家主要任务，是审判机关义不容辞的职责。人们已告别贫穷、愚昧、野蛮，富强、爱国、民主、平等、诚信、守法、公正等已成为国民共同信仰、价值理念、道德规范和普遍自觉行为。诉讼案件数量逐步减少，因故意违法形成的纠纷案件比重降低，因过失违法形成的纠纷案件上升。

第三节　审判力和审判关系

审判力和审判关系是审判方式不可分割的两个方面。审判力是审判方式的决定性因素。这是因为审判力通过当事人联结经济，生产方式决定审判方式，首先直接决定审判力状况，只有弄清楚审判力状况才能正确认识其与审判关系矛盾的运动规律。然而，审判力要素在分散状态下只是可能的审判力，只有在一定的形式下组合成有机整体，才构成现实审判力，审判力的发展不仅是质量提高、数量增加，还在于内部结构要合理。审判关系是审判力要素的组合形式，直接影响着诸要素功能的发挥。审判关系必须遵循审判程序理论揭示的公开、法官制、独立、中立、被动规律才能与审判力有机结合，使审判力要素优化组合。

一、审判力

（一）审判力的概念

审判力是审判主体运用审判工具作用于审判对象，公正解决当事人之间纠纷的能力。

审判力是审判方式的决定因素，不仅是因为当事人的需要源于经济因素，更重要的是当事人的需要最终要依靠发展审判力来满足。因此，法院的全部工作最终都是为了发展审判力。法院一切工作的好坏都要以审判力是否得到发展为根本评判标准。

（二）审判力的构成

审判力由审判对象、审判工具和审判主体三个要素构成。

1. 审判对象

审判对象是进入法庭公开审判的诉讼案件，实质是案件背后的当事人，即原、被告。审判对象必须是进入法庭审判的普通案件，起诉前的社会、经济纠纷和起诉之后在庭前准备程序中解决的简易案件不属于审判对象。

（1）审判力发展的动力

审判的价值在于满足当事人的价值需要，正是这对"满足"与"需要"的矛盾推动着审判力发展。商品经济迅速发展生成日益增多的社会经济主体和纠纷，国家立法必然随之规定更多的诉讼主体和事由，因此，便生成了形形色色的审判对象，这必然会极大地增加对审判的价值需要，使审判与其对象的价值需要产生更多更新的矛盾。这些矛盾的解决又极大地推动着审判力的发展。

（2）审判力必须形成公开规模

质是量的前提和根基，没有质的规定性会混淆审判方式；量是质的展开和深化，没有量的规定性会因为规模太小影响审判方式。商品经济的发展导致审判对象大量增加的同时，简易案件也大量涌入法院。这些案件当事人的价值需要往往是效率重于公正。因此，当事人通常有两种性质不同的价值需要：一是公正解纷，二是效率解纷。两种价值需要往往不是很清晰，在起诉受理后还可能发生变化。公正解纷需要的案件经过庭前准备工作已无争议调解结案；效率解纷需要的案件经过庭前准备工作后可能又产生了争议调解不成。总之，公正解纷需要的普通案件才有必要进入公开审判程序，这即审判对象质的规定性。

审判对象的需要决定审判力性质，审判对象的数量决定审判力规模。两者的统一决定了审判力必须达到公开规模。公开规模借鉴了"规模效益"的经济概念，是指根据审判对象需要及其数量，各审判力要素之间数量配比必须合理，才能实现公开审判价值，审判成本也会相对降低。达到公开规模的审判力是规模审判力，否则，是非规模审判力。

2. 审判工具

审判工具是开庭审判中所适用的法律及其"物化"的物质装备建设（可

称作法律审判力和物质审判力）。物质审判力包括审判法庭及其设施、法官及其辅助人员的服饰等，不包括法庭以外的物质装备建设。

（1）法律是审判力的基本要素。一是当事人起诉、物质建设、审判主体及其辅助人员的行为无一不是以法律为依据的。法律涵盖、渗透着全部审判力要素，是要素之间相互统一形成有机整体的基础。没有法律就没有审判力可言。二是审判价值实现的基本标准。在审判活动中，审判主体与审判对象之间、当事人之间是通过法律作为媒介产生互动作用，进行着价值实现过程。审判价值实现与否、价值大小，都要以审判主体与当事人之间、双方当事人之间在法律上统一的程度为判断标准。

（2）物质工具是审判力的基本要素。审判法庭上的物质装备建设，是法律文化形象的载体，必须按照法律原意设计、建设具有完整的物质功能、信息功能和人文功能，才能成为审判主体得心应手的工具。

3. 审判主体

审判主体是通晓法律，具有丰富的社会和审判经验，熟练掌握和运用审判技能，在公开开庭状态下行使权力，公正审判案件的法官。审判主体在公开开庭状态下，独立自主地审判案件，需要两个前提条件：一是具有公正品质、公正能力和公正形象；二是享有充分的审判权力，否则就不是审判主体。

（1）法官是审判力中最重要、最活跃的要素，始终处于核心、主导地位。法律和物质工具是"死"的，不可能自动地作用于当事人，只有在法官操控运作下才能发挥其功能作用。当事人往往缺乏主动权，也必须在法官组织指挥下，才能享有诉讼权利、履行诉讼义务，满足自己的价值需要。

（2）法官的职责和独特优势就是通过庭审活动，以其充满法律智慧的大脑，对案件事实、证据和法律适用作出公正判断和处理。庭审全过程要准确、全面地记录在案以固定证据。庭审记录人员要按照法律规定和法官意图高质量记录，必须由高素质的职业书记员来承担这一职责。开庭中还有大量提押、值庭、传递证据等勤务工作，又必须由训练有素的法警来承担。书记员、法警虽然是开庭审判不可缺少的工作人员，却不是审判力的必要要素。

二、审判关系

（一）审判关系的概念

审判关系是审判主体在配置、行使审判权力中与相关人员形成的保障监督关系。

审判权力是审判关系核心，法官制是公开审判关系的科学配置模式。审判权力是审判权利和审判义务的对立统一。研究、设置法官保障监督就是将权力中的权利义务加以分解又使两者有机结合统一。法官制是国家法律赋予法官的审判权利，对应自身要承担一定的审判义务。对应其他人，法官权利需要相对人承担一定义务保障其享有，从而形成相对人对法官的保障关系；法官义务又需要相对人享有一定权利监督履行，从而形成相对人对法官的监督关系。

（二）审判关系的构成

审判关系由审判权力配置、独立、中立、被动保障监督关系四个方面构成。审判关系是围绕审判权力展开的各种关系。因此，审判关系构成的四个方面不是并重的。审判权力配置决定着保障监督关系的性质和意义；同时，科学保障监督关系有利于审判权力的正确行使。

1. 审判权力配置模式

古代社会审判权力配置主要有两种模式。一是审判权力配置于"神"的神判；二是审判机构依附于行政机关，审判权力配置于行政机关由行政长官执掌。

现代社会审判与行政机关分立，权力配置于审判机关。通常有两种模式，一是法官制，由法官在独立、中立、被动的状态下公开自主行使全部审判权力；二是司法行政长官和法官相结合配置的混合负责制（以下简称混合制）。由于法官行使多少审判权是由行政长官决定的，因而混合制实质是以司法行政长官为主导。审判委员会是立法民主制与行政长官制相结合的模式，其成员大都是行政长官，带有浓厚的长官制色彩。两种审判权力配置模式决定两种审判关系性质，可称作法官制公开审判关系和混合制公开审判关系。审判组织内部实行法官少数服从多数的合议制或者独任制。

2. 审判保障关系

两种权力配置模式决定两种性质的审判保障关系。

（1）法官独立保障关系

法官制依赖"独立"保障。法官独立才能享有公开审判权利，才需要保障，也才能形成有效的保障。法官审判的全部权利都需要保障，保障人员与法官形成保障与被保障关系，保障只有遵循自身发展规律才会充分、有效。法官"独立"既是保障的有效方法，又是保障的根本标准。法官公开审判需要有管辖权的普通案件进入法庭；需要足够的证据等材料；需要功能齐全的法庭；需要送达、押解、庭上传递证据等；需要庭上记录、整理案卷；需要文字和事务助手。上述分别与立案人员、准备人员、法警、书记员、法官助理等构成保障关系，受到享有独立权利的保障。

（2）政审混合保障关系

审判权配置混合制必然决定混合保障关系。由于司法行政长官既是"审判主体"在庭下行使审判权，又是司法行政主体行使保障职权，其究竟是保障主体还是被保障主体难以分清。司法行政人员向庭上的法官负责，还是向庭下的行政长官负责难以确定。所以，混合保障关系的主体、职能也是混合的。因而政审混合是软弱无力的，难以形成明晰、规范的保障关系。

3. 审判监督关系

两种权力配置模式决定两种性质的审判监督关系。

（1）法官中立监督关系

独立保障依赖中立监督。有多少独立保障就要有多少相应的中立监督。否则，就会导致权力滥用破坏法官制。这是因为，法官制在为法官设置权利时，也包含了法官相应义务。法官在审判台上享有独立审判权利时，也是对其审判空间、行为的严格限制。如果法官离开审判台必然破坏了与双方当事人之间的同等距离，背离了中立义务。在保障法官审判权利时，也要相应地监督法官履行审判义务。监督人员亦即保障人员与法官形成监督与被监督关系。监督只有遵循自身发展规律才会充分、有效。中立既是监督的有效方法，又是监督的根本标准。法官在立案人员、准备人员、法警、书记员、法官助理等人员保障下享有审判权利的同时，相应地与他们也构成监督关系，受到履行中立义务的监督。

（2）政审混合监督关系

审判权配置混合制必然决定混合监督关系。由于司法行政长官既要作为"审判主体"在庭下行使审判权，又要作为司法行政主体行使监督职权，其究竟是监督主体还是被监督主体难以分清，司法行政人员究竟是监督庭上的法官还是监督庭下的行政长官难以确定。所以，混合制保障关系的主体、职能也是混合的。因而政审混合是软弱无力的，难以形成明晰、规范的监督关系。

4. 独立保障与中立监督的关系

独立保障与中立监督是对立统一的，是正确实行法官制必不可少的两个方面。独立保障使法官充分享有权利，防止干预、侵扰；中立监督使法官严格履行义务，防止审判权的滥用。一是两者相互依存。没有独立就没有中立，没有中立就没有独立。例如，如果法官无权在庭上确认事实证据，也就无须法官在确认权上的中立监督了；反之，没有中立监督，法官可以在庭下查明事实，也就无须在庭上独立行使事实证据确认权了。二是相互渗透。设置了独立保障职能，也同时设置了中立监督职能。例如，将法官履行的委托鉴定职能分立由司法行政人员履行。增加了一项保障职能，强化了法官独立；同时也增加了一项监督职能，避免了法官利用鉴定滥用审判权，从而强化了法官中立。三是相互促进。强化了独立保障职能会促进中立监督职能，强化了中立监督职能也会促进独立保障职能。例如，只有全面履行庭前准备职能才能保障法官在庭上独立行使审判权。同时，法官就没有必要到庭下去接触当事人收集证据，从而促进了中立监督。反之，规定法官中立不得在庭下接触当事人，这就要求必须完善庭前准备保障职能，从而又促进了法官独立。四是相互制约。保障不力必然弱化法官独立，也必然会弱化法官中立。反之亦同。例如，如果立案错误，法官未能发现而审判了无权管辖案件，则侵害了被告的诉讼权利，从而破坏了法官中立。如果法官发现了管辖错误，为偏袒一方仍然进行审判，因为没能及时纠正保障错误而又同时破坏了独立。

5. 被动保障监督关系

充分有效的保障监督依赖于司法行政人员主动履行职能。但是，要以法官被动为前提。如果保障监督人员被动，法官就无法独立、中立地在审判台上行使权力；如果法官主动履行职能，必然与保障监督人员发生矛盾，从根本上动摇破坏法官独立、中立地位，也破坏了法官制。法官被动与立案人员、准备人员、法警、书记员、法官助理等人员主动有机结合统一，形成协调、顺畅、和谐的互动关系，从而，巩固强化了独立保障、中立监督，也使整个审判关系形成整体得到巩固、强化。

第四节　审判力与审判关系的辩证关系

审判力与审判关系相结合才能构成审判方式进行审判，两者有机结合才能构成公开审判方式进行公正审判。"有机结合"的标志是审判关系适合审判力的状况，"适合"是审判力和审判关系矛盾运动的结果。因此，弄清楚两者的辩证关系，也就弄清楚了审判方式发展的原因。

一、审判力决定审判关系

（一）审判力决定审判关系的性质和内容

有什么样的审判力就有什么样的审判关系。公正是当事人的价值需要，审判要满足当事人的需要就必须由法官在公开状态下自主行使审判权，将实体结果及其原因都让双方当事人明明白白。如果法官不能自主行使审判权，审判力要素就不能有机结合，也就不能公开审判，这就决定了审判关系中的权力配置必须是法官制而不能采用别的模式。同时，法官制必然会遇到来自司法行政人员和当事人的影响，又需要独立、中立和被动保障监督。可见，保障监督关系也是审判力决定的。

（二）审判力的发展决定审判关系的变革

在审判方式中，审判力不仅是决定性因素，还是最活跃的因素。在审判力和审判关系矛盾运动中，审判力直面当事人必然首先发展变化。当其发展到一定程度时审判关系就会阻碍审判力发展。这时审判力便要求冲破旧的审判关系，用新的审判关系代替。在起诉案件少、当事人对公正需要相对弱化、法院人员较少、审判规模偏小的状态下，混合制审判关系还能适合审判力状况。随着商品经济迅猛发展，市场主体、商品交易大量增加，法律大量出台，诉讼案件和法院人员也大量增加，当事人对公正的需要日趋强烈，审判力规模迅速扩大，形式上的公开审判普遍实行。但是，由于仍然实行混合制，无法实现真正的公开审判。这时的审判力和审判关系矛盾日益尖锐，强烈要求审判关系变革，以法官制取代混合制，形成新的审判关系适合审判力状况。

二、审判关系对审判力具有反作用

反作用表现在：当审判关系适合审判力时，促进审判力的发展；当审判关系不适合审判力时，阻碍审判力的发展。审判关系的主要功能是以一定形式将分散的审判力要素组合起来。因此，其是否"适合"的标志就在于审判力要素组合的状况。这种组合并非简单的机械相加，而必须按照诸要素的功能和内在的必然联系有机结合。

（一）当审判关系适合审判力状况时，促进审判力发展

在公开审判方式中，审判关系是由法官制、独立、中立、被动保障监督关系构成的。这些既是当事人的需要，又是审判力要素有机统一进行公开审判的必要条件。因而，是审判力对审判关系的要求。法官制使作为审判力主导要素的法官在公开开庭状态下充分享有审判权；独立保障使法官排除各种干扰正常行使审判权；中立监督又使法官忠实履行义务，正确行使审判权。审判将"死"的法律、物质工具活化起来，作用于当事人，使法官与当事人之间、双方当事人之间产生法律上的顺畅互动，达到或者接近法律上的统一。显然，审判力诸要素实现了有机组合，审判关系适合审判力，从而推动了审判力发展。

（二）当审判关系不适合审判力状况时，阻碍审判力发展

在混合制公开审判方式中，审判权力配置模式是混合制，难以形成明晰、规范的保障、监督关系。审判力诸要素都已达到公开规模，公开开庭已成为普遍现象。但是，司法行政长官行使主要的审判权却不出庭，法官只能在庭上行使部分审判权，不能完全发挥自身法律智慧和审判能力。审判工具也不能充分发挥功能作用，法官与当事人之间以及双方当事人之间在法律上的互动受到极大限制。审判力要素无法有机结合。显然，当审判关系不适合审判力状况时，会阻碍审判力发展。

三、分工是审判力和审判关系矛盾运动的中介和助推器

分工首先发生于人类改造自然过程中。生产方式分工的发展推动生产力发展，必然导致作为上层建筑的国家机关分工的发展。审判从其行政母体中分离出来独立进行，是审判发展历史上第一次大的分工，从此结束了国家行政机关以行政方式审判诉讼案件的历史，将审判权力配置于审判机关，以审判方式审判诉讼案件，开始了自身全面发展的历史。审判力和审判关系之间的矛盾运动成为审判方式发展的根本动力。

审判机关独立初期，由于案件少、审判工具不完备、审判机关人员少，

使审判力规模狭小，人们的视野受到极大限制。把立案、审查交换证据、勘查、送达、传唤、庭前调解等司法行政职能，也当作"审判职能"与审判职能一起，由一个人或者一组人共同承担。在这种状态下，真正的公开审判是无法实现的。审判力质量的提高和规模的扩大，极大地推动了分工的发展。围绕公开开庭，众多的司法行政职能逐步从审判中分立出去，加强了司法行政对审判的保障监督。职能的分立必须对人员进行专业分工。人员与职能之间的结合方式发生了重大变化，公开审判职能向少数法官集中，大量司法行政职能与审判职能分开由各类专业司法行政人员承担。职能与职能之间、职能与人员之间分解又重新组合。只有法官是审判主体履行审判职能，这标志着审判力的重新分工。审判力的分工又直接引起了审判关系中法官与司法行政人员之间的分解和重新组合。原来由一个人或者一组人完成的审判及其保障职能任务，必须由众多人员相互协作才能完成，逐步形成立案、准备、开庭之间相互独立又相连接的审判流水线。法官制使法官负责庭上的审判职能；书记员、法警、法官助理、立案人员、准备人员等各类人员各司其职，共同对公开开庭审判保障监督。审判关系中的重新分工组合，使法官与各类人员之间形成全新的协作关系，又反过来促进了法官与审判工具、审判对象的有机结合，从而又促进了整个审判力的发展。然而，审判力和审判关系中的分工发展过程是漫长的。由部分分工量的变化、积累，发展为质的飞跃，这就是审判发展史上第二次大的分工。即在审判机关内部，随着司法行政职能从审判职能中逐步分立出来，法官与司法行政人员以及司法行政人员内部开始进行重新分工。如果说，第一次大分工审判从行政中分立出来，开始了审判力和审判关系矛盾运动推动审判方式独立发展的历史。那么，第二次大分工司法行政从审判中分立出来，审判力和审判关系矛盾运动将审判方式推向成熟。因此，两次大分工的意义都是极其重大和深远的。

　　总之，分工与审判力相联结，审判力的状况决定着其分工的状况，并推动着分工的发展。审判力分工的发展必然引起审判关系中分工的变化，审判关系又反过来促进或者阻碍审判力中分工的发展，从而影响审判力的发展。分工是审判力和审判关系矛盾运动的中介和助推器。

四、审判关系一定要适合审判力状况的规律

　　这一规律概括了审判力和审判关系之间的辩证关系。审判力决定审判关

系，审判关系是否应当变革和怎样变革，归根到底取决于审判力的状况；审判关系对审判力具有反作用，审判关系适合或者不适合审判力状况，对于审判力起着促进或者阻碍作用。正是循着这一规律，审判关系由适合审判力状况到不适合审判力状况，再到适合审判力状况，循环往复，推动着审判方式发展。虽然这一规律是客观存在的，但是审判关系适合审判力状况并非自动生成的，受人的主观因素影响极大。因此，要把握好以下几点。

（一）审判关系要恰当地适合审判力状况

由于审判力的易变性和审判关系的相对稳定性，审判力总是首先发生变化，使审判关系落后于审判力，造成不适合的现象，这时就要变革审判关系，使之跟上审判力的步伐，以实现新的适合。例如，已经达到公开规模的混合制公开审判方式，应当不失时机地积极推进混合制审判关系逐步变革为法官制审判关系。否则，不适合的审判关系不仅会长期阻碍审判力的发展，还会给迟来的变革带来新的难度。同时，审判力的发展速度并不总是匀速或者加速的，受经济社会发展和自身状况的制约，有时发展迅速，有时发展缓慢，有时甚至出现暂时局部的徘徊或者倒退。这就需要充分认识到审判力发展的复杂情况，不能人为地、不停地朝一个方向变革审判关系，使其超过审判力发展的要求。这种超过同样是不适合的表现，其危害有时不亚于审判关系相对落后所带来的损失。如果审判关系的变革超越了审判力的发展要求，势必阻碍以致破坏审判力，同样与审判力发生尖锐矛盾，最终由于"一定要适合"的客观规律作用，超过的部分必须退回来，使审判关系重新同审判力状况相适合。例如，在非规模审判力状况下，形式上虽然公开开庭了，但是，由于达不到公开规模，司法行政的保障和监督关系都无法形成。如果实行法官制，必然会严重破坏审判力，只能等待审判力发展到既定的规模，才能实行法官制审判关系。

上述可见，审判关系要恰当地适合审判力变化，既不能落后，也不能超过审判力状况，在变革中要特别关注"适合"的程度，及时调整变革的力度。

（二）审判关系要整体适合审判力状况

审判力和审判关系是审判方式系统中的两个子系统。子系统的要素不具有整体性质和功能。审判力和审判关系之间的相互作用不是部分要素的功能，只有将各自要素有机结合统一形成整体才能发挥功能作用。因此，适合必须是整体的而不是部分要素的。例如，审判力要求审判关系中立监督防止法官偏私滥用权力。审判关系就不能孤立地专门建立中立监督关系，而要在建立独立和被动保障关系时一并建立中立监督关系，形成审判关系各要素有机结合统一，以整体功能适合审判力要求。审判力所受到的反作用并非单纯的主体要素，而是通过法官中立使主体、工具和对象三个要素有机结合统一，整体上受到审判关系功能反作用。

（三）审判关系要持续适合审判力状况

面对审判力不断地发展变化，审判关系既不能与之齐步走，又不能坐等质的变革。否则，势必阻碍审判力，必须在保持审判关系整体和根本性质不变的前提下，进行部分的、量的变革，使其保持渐变状态，以适合审判力的渐进状况，与审判力从适合到基本适合，再到适合，循环往复，以实现持续适合审判力状况，也逐步为审判关系整体的、质的变革形成量的积累。例如，从混合制审判关系向法官制审判关系过渡中，必须小心谨慎，绝不能一蹴而就，需要一步一步地经历较长的渐进过程。可以根据案件难易、法官素质高低将审判权进行分解，再进行整合配置。同时，准确调整好相应的保障监督关系。经过一段时间的实践、磨合，再根据发展了的审判力状况，变革权力配置和保障监督关系。经过多次循环往复之后，法官称谓的人越来越少，审判权力越来越大；司法行政人员越来越多，其保障监督职能越来越多，审判权力越来越小，这样离审判关系质的变革就会越来越近。可见，正是审判关系量的改变实现了持续适合审判力的状况，也就持续促进了审判力的发展。

（四）审判关系要以多样化适合审判力状况

在不同的国家、地区，由于生产力发展不平衡，决定了审判力发展的不平衡，呈现多样化状况。因此，必须以多样化的审判关系适合审判力状况。

1. 要以法官制审判关系适合规模审判力状况

规模审判力仅从质与量的结合上描述了审判力的内部状况，或者说仅是可能的公开规模审判力。要成为现实的公开规模审判力，还必须具备与其相适合的审判关系。因此，具备足够数量的审判力要素还必须具备法官制审判关系，才能形成现实的公开规模审判力。

2. 要以混合制审判关系适合非规模审判力状况

非规模审判力形成的原因是复杂的，主要是经济欠发达和法院机构设置过于分散这两个方面。前一个原因变化是缓慢的，并制约后一个原因。同时，机构设置必须经过长期探索才能作出调整。由此决定了非规模审判力存在的长期性。这些原因与公开规模要求形成了突出矛盾，又决定了非规模审判力状况的复杂性，从而极大地加剧了审判关系适合非规模审判力的难度。如前所述，一是因为法官制关系"超过"混合制审判关系，势必破坏非规模审判力。必须是混合制审判关系才能恰当地适合非规模审判力状况。二是因为混合制审判保障监督关系紊乱难以调整，会更加严重地阻碍非规模审判力，必须理顺各种主体权责关系，建立与之相适合的保障监督关系，以适合非规模审判力状况。三是因为非规模审判力存在的长期性、复杂性，必须适时地、部分地、量变地变革混合制审判关系，才能持续适合非规模审判力状况。

综上，规模审判力和非规模审判力概念具有重要的实践意义。它们清晰地描述、规范了两种审判力状况，为变革审判关系指明了方向。

第五节　审判关系与司法行政的辩证关系

审判力和审判关系矛盾运动揭示了审判方式发展规律。毋庸置疑，审判方式决定司法行政的方向。但是，审判力与司法行政的作用与反作用全部通过审判关系表现出来，揭示审判关系与司法行政的辩证关系使具体方向更加精准。应将两对基本矛盾结合起来考察以更好地把握整个法院发展规律。

一、审判关系决定司法行政

司法行政的产生和发展、性质和内容都是审判关系决定的。我们联系审判力，具体回答审判关系是怎样决定司法行政的。

（一）审判关系决定司法行政的产生和发展

在国家政审合一的体制下，审判作为一种行政职能依附于行政机关，运用行政方式进行审判，不会形成审判力和审判关系的矛盾运动，也不需要保障监督职能，就没有司法行政可言。第一次大分工使审判从行政中分离后，审判活动独立进行。两对基本矛盾运动因审判方式不同而不同。第一种是"两便"审判方式。从形式到内容都是政审合一的，没有形成两对基本矛盾运动。"两便"审判方式能满足当事人的效率需要，因而是科学的。第二种是混合制公开审判方式。只是在形式上公开，这样无法满足当事人的公正解纷需要，必须由一定审判关系将审判力要素有机结合，实行法官公开审判。由此开始了审判力和审判关系矛盾运动。审判关系的形成决定保障监督，又开始了审判关系和司法行政的矛盾运动。经过漫长的矛盾运动并随着审判力和审判关系分工的不断发展，在审判关系和司法行政中产生若干小的分工，并逐步完成了量的积累，导致第二次大分工，即在法院内部的政审分离。可见，司法行政产生于第一次大分工，成熟于第二次大分工；依赖于审判独立而产生，依赖于审判关系发展而成熟。伴随司法行政成熟而来的是第三种审判方式，即法官制公开审判方式。法官制公开审判方式不会终结基本矛盾运动，司法行政将随着审判力和审判关系、审判关系和司法行政矛盾运动永恒发展，直至伴随审判消亡而消亡。

（二）审判关系决定司法行政的性质

高质量是司法行政的根本性质，兼任行政长官、配属、平等、主动等是表面特征，都是由审判关系决定的。

1. 审判关系决定高质量

混合制审判关系之所以阻碍审判力，是因为审判权配置的政审混淆，解决的办法是政审分开。政审分开不能只将权力分开，还要将保障职能分开，建立独立保障关系。在独立保障关系建立之前，法官独立行使审判权必然破坏审判力。不仅如此，分立的保障职能必须高质量。否则，就等于没有独立保障甚至会适得其反。破坏了独立就同时破坏了中立和被动。法官制审判关系无法形成，审判力遭到破坏，整个公正大厦就会倾斜。可见，决定司法行政生命的高质量本质是由审判关系决定的。

2. 审判关系决定兼任行政长官

司法行政保障监督怎样形成高质量，法官最具优势和权威。但是，独立、中立、被动不允许法官履行司法行政职能。法官兼任行政长官既发挥了法官优势，避免了政审混淆的弊端，又符合司法行政长官制规律。

3. 审判关系决定配属性

保障是为了法官独立行使审判权。独立保障对司法行政提出了要求，指明了方向。司法行政既要充分保障还不能影响独立。配属性既防止了政审混淆又密切协作，形成独立保障关系，还为形成中立、被动关系创造了条件。

4. 审判关系决定平等性

监督是为了法官中立行使审判权。中立监督对司法行政提出了要求，指明了方向。配属性解决了保障问题却容易使司法行政居于法官之下。平等性应中立要求防止了居下无法监督的问题，形成中立监督关系，也强化了独立保障，为形成被动关系创造了条件。

5. 审判关系决定主动性

被动是为了巩固、强化法官独立、中立行使审判权，对司法行政提出了要求，指明了方向。

（三）审判关系决定司法行政的内容

作为实体内容的组织、人事和物质保障是以制度作用于、反作用于审判关系的，要符合司法行政自身规律，还要更深刻地理解和把握审判关系的决定作用，使实体保障建立在更加深厚、坚实的基础之上。

1. 审判关系决定组织保障制度

公正解纷决定公开审判关系的法官制、独立、中立和被动。这只是体现了审判力对审判关系的要求。规模审判力提出了量的要求，并使质与量结合统一。保障关系也要质与量结合统一达到一定规模才能独立。否则，法官制、独立、中立和被动都不会形成。审判关系规模又决定了司法行政不能只有配属性质的要求，还要有量的要求。司法行政人员必须达到与审判关系相适合的规模才能高质量保障。可见，机构、职能设置要以形成适合规模审判力的保障关系为根本标准。审判关系决定组织保障规模化。

2. 审判关系决定人事保障制度

审判力和审判关系职能分工决定法官与司法员、司法员之间的专业分工协作，指明了司法员的具体方向。组织保障规模化为人员分工细化奠定了基础。这就决定了必须由各类专业司法员配属于各类专业职能岗位，才能形成保障关系。否则，法官制、独立、中立和被动也会被破坏。可见，审判关系决定人事保障分类化。

3. 审判关系决定物质保障

物质审判力首先要具有物质功能。没有高质量的审判法庭和设施无法公开审判。同时，审判是复杂的信息活动过程，也要具有先进的信息技术和设备建设信息系统。然而，公开审判场所、人员等条件的特定性，尤其是审判关系深厚的法律文化内涵，仅有物质、信息功能是不够的。物质审判力要彰显浓厚的人文精神，打造良好的公正审判人文环境。可见，审判关系决定物质保障人文化。

4. 审判关系决定统一化管理体制

组织、人事、物质保障制度集中体现了司法行政科学化。科学化是极其复杂的过程。从科研、论证把握规律，到制定、实施制度都是十分艰巨的，不仅法院无法完成，地方政府也无法完成。在党中央领导、人大立法支持下，国务院最有权威、最有条件进行。健全法律、法规等制度体系，法院可以精减非司法人员，解决人员编制不足的问题。

二、司法行政对审判关系的反作用

司法行政对审判关系的反作用是提供组织、人事物质保障及其管理体制。保障过程要充分体现整体性质和功能才能实现自身价值。反作用在于，当适合时促进审判关系发展，当不适合时阻碍审判关系发展。

（一）组织保障反作用

1. 规模化组织保障促进审判关系发展

适合规模审判力的审判关系是指按照公开审判专业职能分工要求，配属与审判力要素数量相匹配的司法行政人员形成保障关系。规模化组织保障是以独立保障为质的标准与规模量的标准有机结合统一，设置法院及其内部机构职能。独立需要立案、准备和庭上记录、警务等，就要设置相应的机构、职能。有足够数量的审判对象才能配备足够数量的职能和人员形成独立保障关系，才有必要设置法院，可谓规模法院。规模法院才有条件形成法官制公开审判关系，管辖作为审判对象的普通案件公正解纷。可见，规模法院为法官制、独立、中立、被动提供了必要前提条件，适合法官制审判关系，从而促进了审判关系发展。

2. 分散化组织保障阻碍审判关系发展

分散化组织保障是指不以质与量相统一为标准，使法院及其内部机构、职能设置过于分散。

（1）以行政管理区为标准造成非规模法院的产生。非规模法院是指普通案件太少，审判及其保障职能人员达不到一定规模的法院。一般有两种情形：一是经济欠发达、人口分散、交通不便的地区。法院受理的案件中普通案件太少，绝大多数是简易案件。采用政审合一的"两便"审判方式，辅之以混合制公开审判方式，无须规范的保障。二是经济发达、人口稠密、交通方便的地区。由于县级行政管理区都设置法院，使辖区小、人口少的法院，虽然受理普通案件比例较高但总量太少，审判及其保障人员数量太少，导致成为非规模法院。可见，非经济原因形成的非规模法院形不成高质量保障，破坏了法官制独立、中立、被动，阻碍了审判关系发展。

（2）以上下对口为标准使内部机构过于分散。审级不同对内部保障需要差别很大。一审案件需要完整、稳定的独立保障。审级越高相对需要越弱化。上级法院受理重大疑难的一审案件，可以临时设置职能人员给予保障。如果上级法院以标的额等为标准常态化受理一审案件，就要与下级一审法院设置相同的机构、职能。还有以案件性质为标准设置的一审案件都会使机构、职能设置过于分散，影响保障。

（二）人事保障反作用

1. 分类化人事保障促进审判关系发展

分类化人事保障是根据审判关系要求，首先将法官与司法行政人员分为两类；其次将司法行政人员分为若干类。分别制定制度规范各类人员的遴选、使用、任免、待遇等，适合法官制公开审判关系。

一是法官单独序列确立了法官在审判中的核心地位。国家立法严格规定只有具备高尚的公正品质、高超的公正能力和良好的公正形象的人才有资格充任法官。给予法官优厚的物质待遇，非因法定事由不得调离、免职，因而法官没有后顾之忧，不受干扰、影响，独立自主行使审判权力，专心致志公开审判公正解纷。使法官制成为现实。二是按照保障职能分工要求，确定书记员、法警、法官助理、立案准备人员等各类人员的管理制度。遴选具备职能岗位素质的人员组成专门职业队伍，必然会提高保障质量。配属法官公开审判提供各类保障，切实有效地解决了政审、政政（各类司法行政人员之间）混淆与密切协作的矛盾，使独立保障成为现实。三是分类化人事制度确立了法官与司法行政人员之间的主导与从属地位关系，也确立了政审、政政各类人员之间的平等地位关系，相互间环环相扣，既高质量保障又高质量监督，切实有效地解决了居下无法监督的矛盾，使中立监督成为现实。四是分类化使各类司法行政人员工作目标明确、密切协作，极大地促进了主动性。各类人员超前、全面、高质量地保障监督，切实、有效地巩固、强化了法官独立保障和中立监督，确保法官充分行使审判权，使法官被动成为现实。

2. 等级化人事保障阻碍审判关系发展

分类化人事保障中，仅在法官兼任的行政长官与司法行政人员之间以及各类司法行政人员内部实行等级化。等级化人事保障是指按照司法行政职务级别高低配置权力、从属人员、确定待遇，使司法行政失去自身特有的高质量、兼任行政长官、配属、平等、主动等属性，破坏了审判关系，其适合政审合一的"两便"审判方式，不适合法官制公开审判关系。

一是等级化按照职务高低配置权力，使等级高的行政长官在庭下领导法官行使审判权。遴选使用法官以等级为标准而不以公开审判为标准，致使不参与公开审判的行政长官决定案件，形成混合制公开审判关系，从而破坏了法官制。二是等级化极大地降低了准入标准，将书记员、法官等都当作职务等级逐级提拔。符合书记员等准入标准的都成为法官。法官也履行司法行政职能，致使政审、政政职能人员混淆不清，无法形成科学、规范的保障关系，从而破坏了审判关系。三是等级化使法院人员都成为上下级关系。在政审、政政混淆同时混淆了监督与被监督职能人员，无法形成科学、规范的监督关系，从而破坏了审判关系。四是等级化使法官失去独立保障，也失去了中立监督。法官可以离开法庭审判台任意接触当事人及其相关人履行司法行政职能，无法形成科学、规范的司法行政主动保障监督与法官被动审判关系，从而破坏了审判关系。

总之，等级化人事制度违背公开审判职能分工保障规律遴选、使用法官和司法行政人员，阻碍、破坏审判关系发展，使审判力各要素无法有机结合，并受到阻碍和破坏。

（三）物质保障反作用

1. 人文化物质保障促进审判关系发展

人文化物质保障是指用蕴含、彰显法官制、独立、中立、被动等公正审判文化的法庭及其设施、法官及其他人员服饰等物质审判力打造的公正人文环境。

一是各物质审判力相融合打造公正人文环境。规模化组织保障和分类化人事保障为公开审判创造了必要的组织人事基础条件，还必须具备适合审判关系的法庭、服饰、信息设备、戒具等物质保障才能正常公开审判。同时，更为重要的是当事人作为审判和司法行政价值主体，为其创造的价值需要其亲身感受、领悟才能满足。深厚的公开审判公正解纷本质、价值文化内涵都要让当事人亲身感悟，才能实现审判价值。在充满人文精神的法庭上，法官身着充满人文精神的法袍，运用充满人文精神的设施进行审判，各物质审判力融为一体、相得益彰、交相辉映，形成丰富、厚重的公正人文环境，把审判法庭打造成公正典范。二是公正人文环境与法官相融合打造公正形象。法官在公开审判中公正解纷是双方当事人最大的企盼。然而，法官只有具有良好的公正形象，当事人才能有信任感，放心大胆地如实陈述、激烈争辩。面对双方当事人针锋相对的争讼，深厚、突显的公正人文环境时刻警示、提醒法官正确行使权力。法官独立、中立、被动的审判行为与公正人文环境融为一体，相互印证、相得益彰，形成良好的公正法官形象，把法官打造成公正模范。

总之，人文化物质保障具有不可替代的重要作用。其打造的公正审判环境和公正法官形象充分彰显的独立、中立、被动精神，有效地保障监督法官正确行使权力，使审判力各要素在法庭上得以有机结合。

2. 非人文化物质保障阻碍审判关系发展

非人文化物质保障指物质保障注重物质和信息功能，不注重人文功能或者注重公开审判以外的人文精神。

一是不注重人文功能阻碍审判关系发展。物质功能是审判活动的基本条件。然而，物质审判力随着审判方式发展而发展。"两便"审判方式只需要场所、通信、交通工具、文具等。混合制公开审判只需要法庭、服饰、计算机等物质功能和信息功能。法官制公开审判在物质、信息功能基础上还需要人文功能。在三种审判方式过渡发展中，随着政审分离的进程，三种功能也在由量变向质变发展。法官在庭上权力越多，越需要人文功能保障监督。不注重人文功能势必破坏法官制的物质保障。二是不注重公正人文环境阻碍审判关系发展。公正人文环境具有鲜明的审判文化特征。审判是法律系统的子系统，也带有法律及其他子系统的某些性质。例如，法律正义、制裁违法、打击犯罪、维护国家利益、民主、效率、廉洁等。如果不以审判关系特有的精神而是以一般的法律精神设计、打造人文环境会阻碍审判关系发展。同时，各物质审判力是有机统一的整体，如果将它们分别设计、打造而不注重各个部分的有机结合，也影响形成公正人文环境。

（四）统一化管理体制反作用

国家、省统一管理的司法行政体制是组织、人事、物质保障审判的科学制度。

组织、人事、物质本属国家职能。法院是国家专门审判机关，以自身为主承担各种保障职能难以形成科学的审判关系。如果纳入全国总体之中，由国家按照规模化组织、分类化人事、人文化物质保障规律进行规划、设计、决策，必然极大地推动审判的发展。

三、分工是审判关系和司法行政矛盾运动的中介和助推器

分工是漫长的矛盾运动过程。从简单分工到复杂分工，再到系统分工协作，才能形成整体功能。司法行政内部分工协作是审判力和审判关系分工变化决定的。

政审合一的"两便"审判中，审判人员与当事人随意接触，自审自记、互相记录，自行传递证据等都不影响审判。公开审判中法官不得离开审判台，必须由专门人员履行记录和值庭、传递证据等职能，这使审判关系分工发生变化，形成书记员、法警与法官的保障关系。这时如果法官只审不判，简单分工即可保障，无须更多的司法行政人员的精细化分工协作。随着公开审判的发展，由法官在庭上行使权力，引起指导举证、准备等工作从审判中分离出来，逐步形成对法官制的保障关系。法官制审判关系是复杂的系统分工协作，同时要求司法行政系统相应分工协作。各类司法行政人员要遵循自身发展规律，科学分工协作形成整体功能，才能适合审判关系状况。一是立案人员要高质量受理案件，指导当事人举证，为准备环节奠定基础。二是准备人员要在书记员、法警等配合下高质量送达、职权取证、委托鉴定、交换证据、调解等，为审判环节奠定基础。三是书记员跟案不跟人，负责记录、整理案卷以及沟通、反馈庭上庭下信息情况。从准备开始配属直至结案。配合准备人员履行职能后，再配合法官履行职能。四是法警跟案不跟人，负责送达等全部外勤工作和庭上警务工作。从准备开始配属直至结案，配合准备人员履行职能后，再配合法官履行职能。五是法官助理跟人不跟案，配属法官，负责文字和协调司法行政等工作。

总之，根据审判关系要求各类司法人员之间配属、平等、主动履行专业职能，形成科学分工、密切协作的整体功能，与法官制、独立、中立、被动的审判关系逐步有机结合融为一体。必然有力地推动审判关系和司法行政之间不断产生矛盾、解决矛盾，促进保障监督职能日益完善、强化。

四、司法行政一定要适合审判关系状况的规律

司法行政一定要适合审判关系状况的规律，与审判关系一定要适合审判力状况的规律是贯穿法院发展中的两对基本矛盾规律。它们的共同作用构成整个法院的矛盾运动，正如两对基本矛盾不可分割一样，这两条规律也不能单独地存在和孤立地发生作用。从它们的相互关系来看，审判关系一定要适合审判力状况的规律是根本的，没有审判关系一定要适合审判力状况的规律，就没有司法行政一定要适合审判关系的规律；同样，没有司法行政一定要适合审判关系的规律，审判关系一定要适合审判力状况的规律也无法起作用。

司法行政一定要适合审判关系状况的规律，概括了审判关系和司法行政的关系。审判关系决定司法行政，司法行政是否变革和怎样变革，归根结底取决于审判关系的状况。司法行政对审判关系具有反作用，司法行政适合或者不适合审判关系状况，对于审判关系起着促进或者阻碍作用。正是循着这一规律，司法行政由适合审判关系状况到不适合，再到适合，循环往复，推动着法院发展。虽然这一规律是客观存在的，但是，司法行政适合审判关系状况并非自动生成的，受人的因素影响极大，并且依赖党的领导、国家立法和行政支持。因此要注意把握好以下几点。

（一）司法行政要恰当适合审判关系状况

司法行政是否适合审判关系状况是十分复杂、难以把握的。恰当适合是要掌握好尺度，既不能落后也不能超过。否则，都会阻碍甚至破坏审判关系。

1. 恰当适合不能落后

在法院基本矛盾中，由于司法行政的稳定性和滞后性，总是在审判力变化引起审判关系变化之后使司法行政落后，这时就要按照审判关系状况变革司法行政，使之实现新的适合。例如，在规模法院的审判力要求审判关系实行法官制。但是，种种原因使审判关系处于混合制状况。混合制已经阻碍了审判力。向法官制转变要具备一个极为重要的前提条件，即按照独立保障要

求设立专门机构形成系统整体功能。同步建立中立监督体系，以有效地解决保障监督盲目随意、支离零碎，法官有权也无法审判的问题。专门保障机构不仅能有效地弥补混合制缺陷，促进公开审判，更重要的是会有力地推动向法官制健康、顺利过渡。没有专门保障机构、职能的组织制度就会落后于审判关系。

2. 恰当适合不能超过

同审判关系与审判力一样，司法行政与审判关系也可能存在"错位"问题。例如，虽然规模审判力已要求变革混合制为法官制审判关系，但是，如果独立、中立、被动保障监督关系尚未建立，就实行分类化人事制度落实法官制，司法行政长官、审判委员会退出审判决策，很可能带来诸如法官有机会任意接触当事人，谋取私利、偏私、滥用权力等严重后果。过早实行分类化人事制度"超过"了审判关系状况所带来的危害性，可能比"落后"还要严重。

（二）司法行政要整体适合审判关系状况

同审判关系的整体功能才能适合审判力一样，审判关系是以系统整体决定并要求司法行政适合自己的，司法行政也必须以系统整体功能相适合。审判关系四个方面的整体性质决定了司法行政三个保障的整体性质。

规模化组织保障根据公开审判分工规律，从质与量的结合上确定了机构、职能设置，从而，为人事保障指明了方向。分类化人事保障从质与量的结合上确定了法官单独序列和司法行政人员分类管理。人文化物质保障为法官等各类人员履行职能打造了公正人文环境和法官公正形象。三个保障有机统一，相互依存、相互促进，形成整体功能。三者也相互制约。如果组织保障分散化就不可能有人事保障分类化和物质保障人文化，如果人事保障等级化，组织保障规模化无法形成，物质保障人文化也会失去意义；如果物质保障非人文化，组织保障规模化和人事保障分类化都将无法实现。可见，司法行政必须以整体功能而不能以部分功能适合审判关系。

（三）司法行政要持续适合审判关系状况

同审判关系要持续适合审判力状况一样。司法行政不仅在质上一定要适合审判关系，在根本性质不变的情况下，还要以部分量的变革持续适合审判关系，才能使审判关系持续促进审判力发展。同时，为质的变革完成量的积累。

"持续适合"存在于各种审判关系中。但在混合制向法官制审判关系转变中尤为重要。这是因为规模审判力强烈要求审判关系变革，但国家司法行政制度不能朝令夕改，很难做到"持续适合"，只能在法律范围内采用过渡性办法，寻求部分量变途径保持渐进状态以持续适合审判关系状况，为国家立法积累成功经验。

（四）司法行政要多样化适合审判关系状况

"多样化"主要指司法行政如何适合混合制审判关系。根据混合制审判关系形成的原因，司法行政要分不同情况予以适合。

第一，在规模审判力状况下，由于保障制度不完善形成的混合制审判关系，要按照法官制公开审判关系要求，不失时机地全面变革司法行政组织、人事和物质三个保障，使之同步接近或者达到规模化、分类化和人文化。

第二，由于机构设置过于分散造成的非规模审判力状况下形成的混合制审判关系。首先要将分散化的机构调整为规模化。然后，按照法官制公开审判关系要求变革司法行政。

第三，经济欠发达、人口分散地区法院主要受理简易案件和少量普通案件形成非规模审判力，要以"两便"审判方式为主，辅之以公开审判方式。经济原因使非规模审判力决定的混合制审判关系长期存在，不能通过变革司法行政变成规模审判力，主要遵循司法行政规律建立、完整审判制度。一是组织制度方面以政审合一为主。公开审判保障由办理简易案件人员兼任，不必设专门保障机构。法官与行政长官混合行使公开审判职权。二是人事制度方面等级化与分类化相结合。规范各级各类人员的职权、责任等。三是物质制度方面物质、信息和人文功能并重。根据需要分别彰显"两便"、和谐解纷和公正解纷人文精神。

五、司法行政的三级关系

从多视角、多层次观察、分析纷繁复杂的司法行政，无非是发展方法、保障制度、权力运行三级关系。然而，它们既层次分明、相互作用，又相互叠加、交叉、凝合而容易混淆。有必要以图解厘清，进一步深入地弄清楚它们依次对审判关系的重要作用。

（一）发展方法与保障制度

管理、教育、技术、科研四种方法处在法院建立和发展的原因和动力的位置，直接作用于组织、人事、物质、体制四种保障制度。四种保障制度既是四种方法的产物又是依据。两者各成一个菱形平面，又通过相互作用形成点对点呼应，但它们之间并非简单的"4对4"，8个点相互之间都有密不可分的作用（见图5-9）。

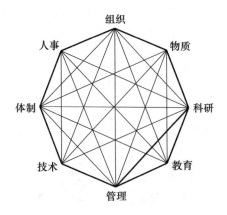

图5-9　发展方法与保障制度关系示意图

（二）保障制度与权力运行

组织、人事、物质、体制处在中间层次，承上启下、承前启后，将发展动力传至行政长官、配属、平等、主动四种属性的权力运行机制。两者各成一个菱形平面，又通过相互作用形成点对点呼应，但它们之间并非简单的"4对4"，8个点相互之间都有密不可分的作用（见图5-10）。

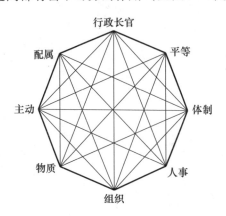

图5-10　保障制度与权力运行关系示意图

（三）权力运行与审判关系

司法行政权力既能创立、运用发展方法和保障制度，又受其作用。只有行政长官、配属、平等、主动四种属性的权力运行机制，才能科学创立、正确运用发展方法和保障制度，以适合法官、独立、中立、被动四种属性的审判关系。两者各成一个菱形平面，又通过相互作用形成点对点呼应，但它们之间并非简单的"4对4"，8个点相互之间都有密不可分的作用（见图5-11）。

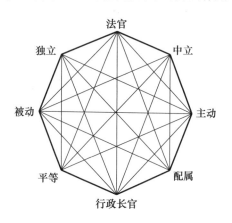

图5-11　权力运行与审判关系示意图

　　总之，审判力与审判关系、审判关系与司法行政两对基本矛盾是人民法院发展的根本动力。要遵循发展方法、保障制度、权力运行等司法行政适合审判关系，审判关系适合审判力两条基本规律，打造公正文化、政治、经济结构，建设党和国家期待的人民公正审判机关。

第六章　人民法院的改革

党的十八届三中全会向全党、全国发出了全面深化改革号令，作出一系列重大决策，为社会主义事业发展注入了强劲的动力。人民法院改革是中国特色社会主义审判制度的自我完善，最高人民法院出台了一系列措施，实现了突破性进展，令人鼓舞，催人奋进。法院改革是复杂、艰巨的，必须紧紧依靠党的领导，积极稳妥、扎实推进。

国家改革是运用历史唯物主义关于两对基本矛盾运动规律，改革上层建筑以适合经济基础，改革生产关系以适合生产力状况，解放和发展生产力。法院改革是运用内部两对基本矛盾运动规律，改革司法行政的发展方法、保障制度、权力运行以适合审判关系，改革审判关系以适合审判力，解放和发展审判力。

第一节　法院改革的目标任务

当两对基本矛盾运动形成两个"不适合"时，就要进行创新、改革发展方法解决矛盾。四种发展方法首要的是管理。法院改革就是通过科研创新理论发现、遵循规律，从管理入手建立、完善高质量保障制度实现公正解纷。法院改革是极其复杂、艰巨和漫长的，必须首先找准牵动全局的根本性问题作为管理目标，并确定具体目标任务，才不致走偏方向，以取得纲举目张、事半功倍之效。

一、从法院内外关系看改革的目标任务

以人民为中心，为人民服务是党的初心、使命和宗旨。法院以审判职能践行党的宗旨，具有与其他国家机关不同的性质、规律。首先体现在向人民群众负责，这是社会主义原则。然而，法院的工作对象中，绝大多数当事人

是特殊的人民群众。如果法院遵循向一般的人民群众负责的规律确定改革目标，势必走偏方向，背离党和国家要求。共性寓于个性之中，法院改革必须探索、遵循审判的特殊规律，通过公开审判公正解决当事人纠纷，满足当事人强烈的公正需要，才能实现向特殊人民群众负责与向党、国家和一般人民群众负责的一致性。

前述通过与行政比较阐明了法院内外关系。行政机关履行全面管理保障社会职能任务，外部关系极其复杂。既要推动经济社会发展，又要采用多种多样的工作方式主动解决形形色色、错综复杂的社会矛盾、纠纷。内部关系相对简单，行政长官负责制形成各个层次上下级关系，以保障高效率运行。可见行政机关改革任务主要在于外部关系。否则，就不能完成党和人民赋予的使命。法院履行审判职能任务与行政机关有着根本不同。对外关系简单，只受理法律明文规定的当事人之间的诉讼案件。采用单一的公开审判工作方式以公正解纷。内部关系极其复杂。公开审判不能实行混合制在庭下行使审判权，必须实行法官制。法官端坐于法庭审判台上审判，必须具有充分、有效的司法行政保障。法官制、独立、中立、被动保障监督关系，决定司法行政要遵循兼任行政长官制、配属性、平等性、主动性，为审判提供规模化组织、分类化人事、人文化物质、统一化体制保障。没有科学的保障监督就没有公开审判。广义公开审判制度不仅是程序法规定的内容，还包括保障制度；司法行政保障的不是公正审判实体而是公开审判程序；司法行政直接反作用于审判关系而不是审判力。

总之，法院改革主要在内部不在外部。公开审判是实现公正解纷价值，完成党、国家和人民赋予神圣使命的唯一科学工作方式。其决定司法行政性质、功能作用。因此，高质量保障公开审判公正解纷是法院改革的总目标任务。

二、从我国审判制度发展变化看改革目标任务

改革开放四十多年来，我国审判制度经历了三个发展阶段，从中可以清晰地看出公开审判制度产生、发展及其原因和历史作用。

（一）"两便"审判阶段

计划经济之下，法院受理案件数量少、案情简单，当事人主要追求效率，

因而实行"两便"审判。审判人员着便服，田间地头、院落炕头都是办案场所。主要是通过深入基层、调查研究、巡回审理、就地调解结案。调解不成的向法院庭长、审判委员会汇报后宣判。法院人员少，基本没有分工。案件从受理、送达、调查取证、审判等全部工作职能几乎都由承办人完成。自审自记、互相记录，甚至承办人实施拘传、拘留也时有发生。政审合一不需要专门、完备的司法行政。

（二）公开审判建立阶段

在计划经济开始向市场经济转轨过程中，法院受理案件数量增多，案情少数复杂。三大诉讼法陆续颁行，公开审判成为必经程序。审判人员着军警式服装，普遍建成审判法庭、配置了法医鉴定伤情。深入基层、查明案情、调解不成的向上级汇报决定后，再行开庭公开审理、宣判。公开审判使书记员、法警等人员从审判中分离出来。由于在庭前已经查清事实决定了判决结果，开庭完全是走过场。审判法庭和服装不需要科学的人文功能，也无须庭前准备。显然，还没有脱离"两便"审判方式。

（三）公开审判发展阶段

在市场经济迅猛发展中，法院受理案件数量剧增、案情复杂、公正需要日益强烈，法院规模进一步扩大。法官着法官袍，普遍建成物质、信息功能齐全的审判法庭。立案、准备、执行、委托鉴定等大量司法行政职能与审判分离。普遍设置立案庭、执行局、技术室等。审判组织基本不再进行庭前调查取证。依靠公开开庭审理查明事实，当庭确认部分证据、事实。调解不成的按疑难程度分别逐级汇报决定后宣判。显然，在庭上查明事实、辨明是非已经脱离了"两便"审判方式，产生了质的飞跃。公开审判进入质变发展阶段。特别是党的十八大以来，最高人民法院推行法官员额制；审者判、判者负责等组织人事改革取得重大突破，使法院改革向前跨越了一大步，进入崭新的阶段。

上述审判制度发展三个阶段告诉我们，法院工作基本适应了经济社会迅速发展的形势，完成了党、国家和人民赋予的神圣使命，取得巨大成绩。其根本在于公开审判制度的发展。假设仍然政审不分，沿用前两个阶段的审判方式，后果是不堪设想的。公开审判并非有了诉讼法规定的制度就会发展，而是依赖建立司法行政保障制度。因此，只有改革保障制度才能完善公开审判制度。

三、从我国法院制度存在的问题看改革目标任务

从法院内外关系和审判发展阐明了改革目标任务，再从公开审判制度存在的问题进一步深入地明确具体的目标任务。主要是组织、人事、物质和体制等保障制度存在的问题阻碍公开审判制度的完善。

（一）组织保障制度方面

一是经改革后，审判权基本由法官组成的合议制、独任制的审判组织行使。审判委员会还行使部分审判权，不利于审判权的正确行使。二是无论经济发达与否，人口和案件多少，县以上行政区都设置法院。法院内部不论案件数量多少都对口设置机构，上级法院管辖按照标的额等标准受理一审案件和执行案件等，造成人为的非规模法院。三是没有设置庭前准备专门机构，使庭前准备与庭上保障形不成系统，造成盲目性、零散性、无序性，难以保障监督法官正确行使审判权。四是派出法庭设在城区及其较近区域，使普通案件在没有充分、有效的保障下审判。五是立案、执行等司法行政机构称为"庭"，名不副实；司法行政职能以法官的名义行使。六是政警不分。法警太少，司法行政人员履行大量外勤工作职能。七是未实行执行权兼任行政长官制。

（二）人事保障制度方面

一是法官员额不按照案件多少、难度大小测定，难以准确定额。法官退休年龄与司法行政人员相同，浪费人才。由于法官与其助理的职能分工不清，工作量难以测定，使两者配比难以确定。二是书记员、法警职责重大，由合同制雇工担任既不符合专业化，也会有潜在法律风险。三是法院人员问题不是数量少了，也不是学历低了，最突出的是人员、素质结构极不合理，不符合公开审判专业分工职能要求。四是法官和各类司法行政人员所应具有的素质能力缺乏研究，提升水平方向不明。

（三）物质保障制度方面

一是不注重研究、打造公正审判人文环境。审判法庭装饰、设备，法官等人员服饰制作偏重物质、信息功能和一般法律内涵，没有充分体现独立、中立、被动等特殊法律内涵。各物质审判力之间尚未形成整体功能。二是物质装备建设缺乏统一标准。

（四）保障管理体制方面

一是机构设置等组织保障实行地方政府为主、上级法院为辅的管理。地

方政府更多的是考虑地方利益和习惯于机构设置行政性，难以遵循公开审判规律形成规模化。二是人事保障实行分级化管理。地方政府受视野、人才、权限等局限，难以形成分类化。三是物质保障实行分级管理。容易导致收费与支出挂钩带来收费混乱。地方政府无法按照公开审判规律进行物质建设。各法院自主建设难以设计、打造公正审判人文环境。四是司法行政以法院自行管理为主。受视野、人才、权限等局限，难以使司法行政科学化。各级法院都要配置大量的一般司法行政机构、人员，事倍功半。

　　总之，公开审判制度存在的问题主要是政审混淆造成的。因此，审判改革的具体目标任务是将审判与司法行政科学分开，再合成系统，使司法行政科学化，高质量保障完善公开审判制度。

第二节　法院改革的方法

　　法院发展的管理、教育、技术、科研方法属司法行政。当外部关系发生较大变化时，就要通过科研创新理论发现、运用科学规律，对旧的法院模式进行改革。法院改革主要是创新管理使之科学化，在此基础上再创新教育、技术、科研。改革是复杂、艰巨、长期的，探索其科学方法是十分重要的。

一、系统方法

　　系统方法是运用系统论原理使审判与司法行政各自内部、两者之间组合成整体性能，以避免零打碎敲、头疼医头、脚疼医脚等弊端。

　　审判哲学如实地描绘了这样一幅图景：由审判与司法行政组成的法院总系统依次展开。审判构成、审判价值、审判力、审判关系各成子系统又组成审判系统。司法行政构成、司法行政价值、四种发展方法、四种保障制度各成子系统，又组成司法行政系统。系统与子系统、子系统之间、子系统与要素、要素之间，都有相互依存、相互促进、相互制约的作用与反作用关系。相互作用是系统的整体功能而不是部分功能。公开审判、公正解纷是全部要素共同作用形成的整体功能；每个要素都对整体产生一定作用。据此，在改革中要注重三个方面。

第一，围绕公开审判有序改革。有序性是组织系统的首要特征。实现完善公开审判改革目标，就要按照法院总系统以下各层次要素内在的逻辑关系制定改革的长远规划、短期计划。使各要素的改革都朝着公开审判方向有序进行。遵循审判及其保障规律同步改革，逐步实现组织规模化、人事分类化、物质人文化、体制统一化制度，形成兼任行政长官、配属性、平等性、主动性的高质量司法行政保障，依次适合法官制、独立、中立、被动的审判关系和规模审判力，形成公开审判方式，使公正实体与公开程序结合统一，实现公正解纷价值。可见，要想实现完善公开审判制度目标必须进行有序改革。

第二，遵循各要素不同规律才能有序改革。系统各层次要素都有各自不同的性能，否则，就失去了存在的意义。承认和遵循其性能是有序的前提。法官在审判台上公开审判使得保障职能专业分工复杂化，决定了要素的复杂化。立案人员、准备人员、书记员、法警、法官助理等各有不同性能。通过流水线形成整体功能，保障了法官制审判关系。从而，决定了规模化组织制度和分类化人事制度。可见，组织人事制度遵循各类职能专业分工特殊规律，实现了向公开审判有序改革。

第三，遵循要素之间逻辑关系才能有序改革。平衡性是组织系统的本质属性。如同飞机的驾驶舱、两翼、尾翼四个点必须平衡一样，审判关系中四个方面之间、司法行政中四项制度之间都有严密的逻辑关系，必须保持平衡、协调。改革的进度、程度都要统筹兼顾。实行法官制必须保障先行，监督寓于保障之中。在保障之外设置监督是不科学的，因而是软弱无力的。有了保障监督自然要求被动。保障首先依赖组织制度按照公开审判分工规律设置机构、职能；按照职能分工制定人事制度和物质制度。保障体制是组织、人事、物质制度的需要，具有促进或者制约作用。我国公开审判保障经过几十年发展已奠定了一定基础。在人事方面，已初步具备公开审判条件的法官人才储备充足。主要问题是各类司法行政人员匮乏，分类配置难度大。在物质方面，物质、信息功能齐全和初具人文功能的审判法庭、服装已具备，主要是向人文化发展。在体制方面，省级"统管"为司法行政改革发展创造了巨大空间。最薄弱的环节是组织制度，已严重制约其他制度。其中，首要问题是尚未设置庭前准备机构，无法形成独立保障关系，也无法形成中立、被动保障监督关系。在这种情况下，将审判权交给法官固然有利于当庭裁判解决纠纷。但同时带来两个问题，一是法官面对的证据材料数量不足、质量不高，无法正常行使审判权；二是法官要到庭下履行补充证据等司法行政职能，不能避免与当事人及其代理人接触，使要素之间改革不协调。可见，统筹兼顾各要素进度、程度才能有序改革。

二、分与合方法

系统的整体本质是个体合成的。改革就是将旧法院整体分解为新个体，再合成为新整体。分与合是重要的改革方法。

第一，分与合的重要意义。审判哲学揭示的公开审判分工协作规律说明"两便"审判需要简单保障；公开审判则必须充分、有效地保障。建立保障关系必须政审分开。政审混淆削弱审判和司法行政两种职能。因此，完善公开审判及其保障制度必须首先政审分开。我国四十多年审判制度改革发展有力地证明了从"两便"审判到公开审判建立和发展三个阶段伴随政审合一不需要保障；政审自开始分开就有了保障；政审较多分开就有了较多的保障。目前，我国公开审判中存在的问题说明，实行公开审判的主要障碍是政审混淆。还有大量司法行政应当与审判分开，已经分开的司法行政尚未合成整体功能。总之，审判改革要以政审分开为突破口，为建立、完善保障制度扫清障碍。政审分开犹如一条分界线，使改革具体任务清晰可见；分、合结合是改革便于操作的简明方法和标准。

第二，分、合有机结合统一。审判关系和司法行政辩证关系是分、合的哲学理论基础。作为改革方法还要把握分、合有机结合统一的规律。一是互相依存。两者互为前提和条件。没有分就没有合，没有合就没有更好的分。只分不合就没有系统保障，只合不分就解决不了政审混淆。在分中注重如何合，在合中注重如何分，防止顾此失彼。例如，实行法官制与兼任行政长官分开，同时必须建立相应的保障监督。否则，法官制还要回到混合制。二是互相促进。分什么、合什么往往是模糊不清的。两者互相提出要求和方向；分与合进度、程度互相检验，又提出新的要求、方向。例如，送达、职权取证、交换证据、委托鉴定等司法行政职能要与审判分开，促进了建立庭前准备保障专门机构。庭前准备保障的强化又促进了审判权混合制的分开。同时，保障是整体功能，如果专门保障机构职能缺项，必然要求新的分开。三是互相制约。分与合的方向、标准进度、程度等都会互相制约。改革中要注重两者协调、磨合，统筹兼顾，防止和减少制约影响。例如，建立庭前准备机构可能导致庭下与庭上脱节影响了分，因此就要在制定方案时一并设计保障与审判的沟通、协调机制，并注重实践磨合与完善。

三、质与量方法

质与量方法是指改革中注重研究、把握质与量规律，并使两者有机结合统一的方法。

第一，定性分析要注重理论与实践相结合。科学的改革方案来源于正确认识。认识首先要对法院各个部分、各个环节、各个职能、各类人员的不同性质有正确分析、判断。否则，政审分与合等改革就会失去方向。首先，要系统总结历史和现实的审判改革经验。实践经验是可靠的，改革就是要摸着石头过河。四十多年中全国法院积累了丰富的成功经验，也有一定的教训，将其加以系统总结成为法院改革发展的巨大精神财富。历史不能割断，今天的改革是昨天的延续，并非重新建立制度。无论是成功的还是失败的经验、教训都是今后改革可靠的依据和借鉴。例如，20世纪80年代末提倡的"一步到庭"为何夭折，"一个公开三个为主"有何发展，"两便"审判是否还有必要、如何发展；员额法官怎样完善等，都要进行定性分析给出有价值的评判以指导改革。其次，要研究、创立审判学。审判哲学不是法学，在研究所有审判的共同性质、价值基础上，从内部关系具体研究审判力、审判关系、司法行政规律。审判学是法学，不是研究内部关系，而是联系审判力、审判关系、司法行政，主要研究审判主体运用审判工具作用于审判对象的一般规律。法庭调查、法庭辩论、最后陈述和宣判的性质和价值作用，如何进行才能有效地实现公正解纷。联系审判关系和司法行政是指，法官需要司法行政建立什么保障制度形成法官制审判关系，才能在法庭上从容公开审判。审判学与审判哲学相衔接，会有力地推动两者共同发展。以往的审判学容易混同于诉讼法学。其原因是对审判的定性判断有误。审判学专门研究开庭公开审判。联系庭下是为了庭上。审判学的价值首先在于为正确分析、判断具体审判活动性质提供理论指导。因此，审判哲学、审判学和诉讼法学相融合，为审判改革提供了系统的理论指导。

第二，深化认识要注重定量分析。如同其他事物，法院是质与量的统一体。有科学的定性分析还要注重科学的定量分析，才能全面、准确地认识法院改革。首先，注重数量规模。机构、职能的设置，如果只看性质或者只重数量都会造成失误。案件数量再多，但绝大多数是简易纠纷，就没有必要完善公开审判制度；公正需要再强烈，但案件和法院人员数量太少，就无法完善公开审判制度。因此，要在以普通案件数量和法院人员数量为根据形成的规模法院中去完善公开审判制度。其次，注重改革进度。改革进度要与经济发展相协调。在同一大环境之下，各个法院、法院的各个方面进度是不同的，应当视情况分轻重缓急，做到先急后缓、先易后难、统筹兼顾。法院内部各方面、法院与国家的改革进度要适当进行，过快过慢都会造成被动。最后，注重改革的协调性。公开审判及其保障制度是十分复杂的系统，各个方面改革要保持一定程度的平衡。轻重不适当会带来不良后果。例如，保障与监督的分与合程度必须同步、协调，否则，失衡会造成损失。

第三，改革过程要注重过渡性措施。质与量统一于度，量变是质变的准备，质变是量变的结果。度是质未变的量变状态。改革是曲折的，必须把握好度，既不能坐等，也不能超越，应充分认识过渡时期的长期性和复杂性，应采取适度的过渡性措施。首先，要有长远目标但不能超越。科学的长远目标是理想、旗帜和明确的改革任务，能有效地鼓舞士气、凝心聚力为之努力奋斗，又好又快地完成改革任务。否则，会使改革迷失方向、走弯路、事倍功半，造成浪费损失。同时，有了长远目标还要防止急躁冒进、一刀切等超越现实的倾向。其次，要制订、实施阶段性计划。计划是目标、措施、制度。建立、完善规模化组织、分类化人事、人文化物质、统一化体制四项保障制度，完善公开审判制度是改革的长远目标任务。要围绕这一目标任务制度、实施适合外部环境的计划，能动地促进审判改革，为质的飞跃不断增加量的积累。

四、经济方法

经济方法是运用经济决定审判的原理研究、制定改革措施。对于正确确定基本改革方向具有十分重要的意义。

第一，经济发展不平衡决定"一院两制"。目标任务确定之后，还要解决在哪些法院实现的问题。我国经济发展水平极不平衡，必须实行公开审判和"两便"审判两种制度，切忌一刀切。一是经济发达地区有必要也有条件实行公开审判制度。审判改革的实行主要发生在经济发达地区的规模法院。通过改革建设公正法院。二是经济欠发达地区无必要也无条件实行公开审判制度。实行传统的"两便"审判制度就能满足当事人的效率价值需要。对"两便"审判力加以完善、规范，建设"质量型"法院。三是经济相对发达的区县法院，应实行"公开"与"两便"相结合的审判制度。

第二，物质生产分工协作是审判改革中分工分立的示范。经济发展，纠纷增多，案件增多，法院工作人员增多。法律审判力发展促使审判力要素不断调整结合方式。法官专司审判促进了审判关系分工发展，继而推动了司法行政分工发展。分工发展决定政审分离，再通过合作形成密切协作的整体功能。

第三，借鉴企业管理科学原理。一是借鉴企业生产流水线原理，建设审判保障流水线。二是借鉴企业以用户需要为导向设置内部机构的流程再造原理，以当事人的价值需要为依据设置内部机构。三是借鉴企业 TQC 全面质量管理原理，建立流水线全方位、全过程、全员参与、数字化考核的全面质量管理。

第三节 法院改革的构想

改革构想是基于本书试图揭示的客观规律，提出的法院改革的基本构思设想，有待于在实践中检验、修正、丰富。

一、科研

为什么改革？根本在于环境的变化使旧的法院制度不符合客观规律。怎样改革？根本在于遵循客观规律建立新的法院制度以适合环境。创新是习近平总书记倡导的首要的新发展理念。科研是发现、运用客观规律，创新理论和实践正确认识和解决改革问题的龙头，是决定改革成败、成果大小的首要因素。

要注重审判哲学理论体系建设。人民法院公正解纷价值是由审判与司法行政两个个体合成的整体职能作用，个体的价值又作为子系统由更小的个体职能作用合成。改革就是通过逐一层次揭示个体的性质、相互关系及其与整体的关系，法院与环境的关系，遵循规律制定和实施方案。显然，直接回答、解决这些问题的并非是法学、部门法学、审判学等学科，而是审判哲学理论体系。本书虽称法院审判哲学，但只是探索，未必是科学。审判哲学理论体系是指全面、系统地揭示审判的共同性质、规律的科学理论。唯此能回答、解决法院改革的全部重大理论、实践问题，否则就不是科学的审判哲学。

纵观四十多年的法院改革历史。前几十年由于缺乏理论指导，只是在公开开庭上做文章，使改革徘徊不前。党的十八大以来注重科学理论研究、运用，从改革组织、人事、物质保障制度入手取得了重大突破，积累了丰富、可贵的经验。然而，今后的改革措施还要进一步增强系统性、预见性、计划性。例如，员额法官享有审判权之后如何保障监督，一审法院管辖区如何确定，"执行难"如何认识、解决，司法腐败如何认识、解决等一系列重大问题，都不能简单地头疼医头、脚疼医脚。既要摸着石头过河，更要注重研究、运用审判哲学理论体系，从个体之间及其与整体之间、法院与环境的内在关系中找出正确方案。

建设和运用审判哲学理论体系解决改革问题是十分重要、艰巨的。首先，要由专门的科研机构组织高素质的研究人员，进行深入系统的探索、研究，边研究、边发现、边运用。其次，法院的改革发展是全体人员光荣而又艰巨的事业任务，"大众创业"才能完成。改革科研不仅是专门机构、人员的职责；全部有研究能力的法院人员也要对改革理论、实践开展探索、研究、实验，这是义不容辞的职责，"万众创新"才能完成。最后，将科研工作纳入各级法院管理考核。舍得投入人力、财力，加大专题科研经费，设立科研专项奖，贡献大的要重奖、重用。

二、机构设置

（一）基层法院

1. 基层法院设置

基层法院实行"一院两制"。一是在经济欠发达、人口稀少、偏远的县域，按行政区划设置非规模法院，主要实行混合制的"两便"审判。二是在经济发达、人口稠密的地区以规模化为标准，划定不同于行政区划的司法管辖区，主要实行法官制的公正审判。三是管辖一审诉讼和执行案件。刑事财产刑罚归由监狱执行。

2. 内部机构设置

（1）审判保障局（以下简称审保局）

规模法院将配齐从事立案、准备（送达、保全、拘传、勘查、搜查、审查、收集、交换证据、委托鉴定、调解等）等工作人员和书记员，建立立案、准备、开庭三个环节分工协作的流水线。

（2）法官办公室

设法官及其助理，逐步以法官姓名为办公室名称。

（3）法警队

法警作为法院的武装力量。警务职能要以军事化运行和管理。组建公务员为主、合同聘任为辅的专业化队伍。集中管理训练，分别配属使用。实行法院全部外勤职能警务化。警长制与警员分工协作形成整体功能。各级警队队长兼任警长。法警与司法行政人员分工协作要经磨合确定。

（4）执行局

下设执行和执行异议裁决机构，称作处、科等。

（5）派出法庭

主要是两种模式：一是城区及其近郊不设置，只在离城区较远的乡村设置。二是不设固定派出法庭，定期定点巡回审判。

法庭受理的绝大多数是简易案件，主要价值取向是效率。应以"两便"审判方式为主，兼顾公开审判。其审判案件中极少数调解不成，通常存在事实没有争议、结果有争议和事实不清、争议较大两种情况。前者可经上级同意径行判决；后者当事人强烈需要公正，移送法院机关流水线，既能满足当事人价值需要，还能扩大机关规模。再大的派出法庭也不可能建成流水线，既不需要也没有条件建立完善的公开审判制度。需要效率的当事人希望就地解决，需要公正的当事人宁愿多跑路也要进城打官司。

（二）上级法院

上级法院一般按行政区划设置。一般不受理一审和执行案件。不以标的额大小等确定级别管辖。

三、审判及其保障运行机制

（一）保障

审保局实行法官兼任局长负责制，组织指挥流水线履行全部保障职能，下设立案科、若干准备科，实行科长负责制。准备科设置数量、科长与科员配比经运行磨合后确定。立案完成后移交准备，准备完成后调解不成的，由书记员整理卷宗交法官助理，确定开庭日期。书记员和法警跟案件不跟法官。

（二）审判

法官助理是法官的专门秘书，跟法官不跟案件，负责起草法律文书等全部内勤工作以及对外联系。法官专门负责审查案卷材料，找出纰漏要求准备科予以补齐。开庭中组织指挥有关人员举证、质证、认证、辩论、最后陈述，最后宣判。法官与助理配比经过运行磨合后确定。审判委员会讨论、决定案件的情形应尽量减少。

审判及其保障，不仅是静态的，其动态过程也必须由个体（要素）合成整体，才能实现高质量保障公正解纷。流水线并非认识了其规律就能自然形成，必须依赖管理。作为司法行政管理，扁平式是唯一适合审判关系的模式。

按照公正解纷规律设置的审级独立关系、审判与其保障关系，必然实行扁平化管理。员额法官制突破了旧有的宝塔式管理，应乘势而上尽快向扁平式升级。扁平式层次少、幅度宽，变主要向上级负责为向目标、制度负责，亦即向流水线的下一个环节负责，才能最终向当事人负责。"审者判"基本消除了逐级向上汇报的管理层次，同时因需要保障而又极大地拉长了管理幅度。立案—准备—开庭三个环节只有审保局局长是管理者。其下一个层次设科的科长是管理者。通过计划、组织、监督及其信息系统控制将三个环节连成一线合成整体，就为法官公开审判搭建了高质量的保障平台。

四、执行运行机制

（一）执行

执行局实行法官兼任行政长官制，组织指挥履行全部执行职能。下设若干执行科，实行科长负责制。执行决策权由执行长行使，负责审查案卷，采取强制措施，确定法律文书，使用执行员等。执行员是执行长的下级，必须服从命令，在法警配合下具体实施执行长的决策。执行长不得自行实施，执行员不得自行决策。执行长与局长或者科长合一才具有决策权威。执行长一般由科长兼任，或者由局长兼任。执行长与执行员配比经过运行磨合后确定。执行长可配备助理，负责法律文书起草等内勤工作。

（二）裁决

执行局下设裁决科。科长兼任执行长行使裁决权。组织指挥公开听证会，复杂案件可由多人听证，履行听证前准备职能，听证中进行调查、辩论、调解等。裁决书应当详尽写明事实、证据、理由、裁决主文等。复杂案件可提交局务会决定。复议程序亦同。

（三）宝塔式管理

作为司法行政的执行，在局内部及其与法院和上级法院执行局之间，都是下大上小的层级关系，必然实行宝塔式管理。一直以来，由于受政审混淆影响，未能建立科学的执行机制，也不可能建立相适合的管理模式。

宝塔式执行管理就是执行权与管理权合一，执行长与机构行政长官合一，上级决策下级服从执行，既管执行又管人财物。通过计划、组织、监督及其信息系统控制，使上下左右合成整体性能，实现高质量执行。

五、分类化教育

分类化教育作为司法行政的一部分必须适合改革中的审判关系。公正审判关系直接决定分类化人事制度，由此又决定了必须实行分类化教育。分类化教育是根据人事制度要求进行的分类为主辅之以分级的教育制度。在目前法院组织人事制度改革大潮中进行分类化教育尤为重要、迫切。

（一）共同教育

人民法院是党领导的社会主义国家审判机关。首先要按照党的统一部署进行思想政治教育，在坚持这一主导方向的前提下再进行以下共同教育。

1. 牢固树立公正的审判观、人生观、价值观

让每个案件当事人都能感受到公平正义，是党和国家对审判机关的最高要求和期待，是赋予全体法院人员神圣而光荣的历史使命。实现这一目标依赖建立公正审判制度。制度的建立和运行依赖具有崇高的公正理想信念的法院队伍。因此，进行公正的审判观、人生观、价值观教育，使每个法官、司

法行政人员都能以高质量保障公正解纷作为人生最高价值，不惜舍去私利而为之奋斗终生。

2. 用好以人为本法宝

人是根本，制度、装备、案件等都是末梢，不能本末倒置、舍本求末。一是制度的制定和实施为了人、依靠人。制度的目的意义在于保障服务人、监督约束人、教育提高人。法院审判及其保障制度的价值作用，体现在保障监督法官等人员公开审判，并在审判中提高人的素质。没有高素质的人就不会正确制定、实施制度。提高人的素质还能弥补制度的不完善。二是办案为了人、依靠人。案件是人办理的，案结了当事人会离开法院，办案人员却长久在法院办理案件。案件不仅凝结着当事人的价值需要，还蕴含着承办人的价值。案件办好了不仅当事人满足了需要，办案人也实现了价值；案件办坏了不仅是对当事人的侵害，对办案人的损害更加严重和深远。可见，办案目的意义是双重的，既是为了当事人，也是为了办案人。因而用好以人为本的法宝就是强化为了人、依靠人的意识，科学使用人、教育人、关爱人。三是要树立文化审判理念。以当事人需要为审判价值取向，正确处理公正解纷与审判案件的关系。以办好公正解纷案件为业绩有无、大小的根本标准。

3. 用好集体主义法宝

集体主义是以集体利益为价值取向的思想体系，是个人联结社会主义、共产主义不可缺少的中间层次。树立社会主义、共产主义理想信念，首先要树立集体主义理想信念。集体主义倡导人们与集体共同协调发展，时时处处为集体着想，个人利益服从集体利益，个人价值大小以为集体贡献大小为标准。集体主义是个人主义的克星。个人主义是拜金主义、分散主义、小团体主义、自由主义等一切错误思想的总根源，会导致不公不廉现象。用好集体主义法宝可以有效地克服个人主义，正确处理个人与案件、个人与个人、个人与集体、小集体与大集体之间的关系，使法院成为团结、战斗的坚强集体。公开审判是众多人员共同协作完成的，素质再高的个体人才也无法实现公正价值。建设各类各级公正人才集体是十分重要、迫切的。

总之，要将法院建设成培养造就人才的大学校、各类人才施展才干的大舞台、关爱人才的和谐幸福的大家园。

（二）分类分级教育

分类分级是根据法官、各类司法人员及其审级、职级不同的素质能力要求，分别进行不同内容、方式的教育。每个法院都进行分类分级教育必然事半功倍。就目前的法院管理体制，一、二审法院忙于审判、执行，应由省级以上法院承担。

1. 法官

法官在狭小的法庭上公开审判，要驾驭对抗激烈、复杂多变的庭审，公正裁判、解决纠纷，不仅要牢固树立公正的审判观、方法论，通晓法律，具有丰富的审判经验和社会阅历，洞察真伪、多谋善断、辨法析理的高超能力；又要树立公正人生观、价值观，具有淡泊名利、不畏强势、不循私情、甘于寂寞、敬业爱岗、埋头苦干、公正至上、超凡脱俗的高尚品质；还要通过长期勤奋工作、公正审判、为当事人排难解纷，促进社会和谐，在公众中享有较高的信誉，树立法律化身、公正化身的良好形象。另外，审级越高对法官的资历、素质能力要求越高，就要进行更多、更系统的教育。

2. 各类各级司法员

司法员要树立公正审判观、人生观、价值观以及质量观，以高质量保障法官公开审判、公正解纷为职责目标，熟练把握和运用保障规律，有精湛的专业技能。一是从事立案准备、执行等工作的司法员要具备较高的法律修养、较强的保障意识和熟练的专业技能，能深入、具体地理解、把握审判对立案准备的需要以及执行程序，有较强的组织协调能力。二是书记员要具备一定的法律修养和高超的记录技能，能深刻理解法官和准备人员的意图，有较丰富的记录和整理案卷的经验，以及较强的庭上庭下沟通、协调能力。三是法警要具备一定的法律修养、熟练的专业技能和较强的实际操作能力，有果敢、顽强、雷厉风行的工作作风。四是法官助理要具备较高的法律修养、较强的写作能力和协调能力，能深刻理解法官意图，创造性地履行职能，有扎实、细致、埋头苦干的工作作风。

兼任行政长官应当是复合型人才。院长、局长应具备法官、司法员的素质能力，处长、科长、执行长、警长应具备司法员的素质能力，还要具备领导、管理和一定的科研素质能力。

六、管理信息系统

建设信息系统需投入大量人力、财力、物力，必须选准方向。法院公开只是依法在法庭上开展的审判活动的公开，并非其他司法行政活动或者网上公开。否则，得不偿失，甚至适得其反造成被动。法院不像党政机关要有效地控制整个社会，信息系统主要用于内部管理。

教育、技术、科研等劳动自身也需要控制，但较小的信息系统即可满足。按照公正审判机关的构想，法院应有四个管理系统，即庭上审判管理系统、审判保障管理系统、执行管理系统、全院管理系统。法官、审保局长、执行局长、院长为管理者。他们必须通过真实、充分、有效的确定性信息，有效掌握本系统的全部情况才能正确决策。这就需要分别建设信息系统并合成总信息系统。信息系统是建设公正审判机关的必要条件。

七、统一化保障体制

我国改革已经成功地解决了企业、军队"办社会"问题，效果良好，虽有不同，但可资借鉴。法院应成为精干的专门审判机关。一切非司法的机构、职能、人员都要尽量有计划地逐步调整、裁减，由国务院统一管理全国法院的司法行政。一是调集组织各类有关人才进行全面、系统的科研，建设审判哲学理论体系。二是经详尽论证制定改革的长远规划和短期计划。三是试点取得成功后起草相关法律，制定详尽的法院司法行政法规。规范编制、职能、人员、遴选、培训、经费、物质建设、机制等。四是各级培训机构移交国务院。

八、司法腐败的解决

习近平总书记深刻指出，要把权力关进制度的笼子里。这是正当用权根治司法腐败的良药。

（一）司法腐败的原因

司法腐败的产生与内外部原因都有关系，但主要是内部原因。

1. 用权与腐败

司法腐败源自司法不公，司法不公源自用权不当。第一，不当用权有消极用权和错误用权两种。由于失去公正，通常必然导致腐败。第二，因法院缺乏公信力、社会不良风气、陈腐理念等所致偶然产生腐败。例如，当事人担心法官偏袒对方而送礼。

2. 不当用权的原因

正当用权必然公正，偶然的腐败会伴随公信力的提高、社会风气的改善、理念的转变而自行解决。最大的威胁是不当用权。其主要原因是，第一，素质不够。法官无论是缺德还是少才，必然导致不当用权。然而，在审者无权、判者无责的状态下，一方面，素质不可能够格，即使够格也难以正当用权；另一方面，无论导致不公还是导致不廉，都难以追责而向好发展。第二，制度不科学。如同物质生产，手工或者机器工艺流水线是按照自然规律设计的，不仅能高质量、高速度、低成本的生产产品，而且可以一目了然地发现某个人、某个环节出现的问题，能准确、及时地解决。如果审判权力运行制度不能按照客观规律设计、制定，就无法正当用权。员额法官制度正是向正当用权推进了一大步。

3. 不公不廉是孪生兄弟

科学的正当用权制度必然生成公正，也必然同时生成廉洁。只公不廉或者只廉不公都是不现实的。从这个意义上说，公正、廉洁是科学制度之母生成的孪生兄弟。同理，不科学的制度必然生成不公正，也必然同时生成不廉洁。不公不廉是不科学制度生成的孪生兄弟。

（二）解决的根本方法

教育、惩处是解决司法腐败必要的有效方法，但根本方法恰好是法院改革的总目标任务——完善高质量保障公开审判制度，实现公正解纷。当事人的根本需要是公正，并非廉洁。不廉是不公派生的。不需要也不可能在公开审判及其保障制度之外，再单独建立一个廉洁制度。因此，完成改革的总目标任务，腐败问题就迎刃而解了。

审判权运行是否正当的唯一标志是公开，唯一能公开的主体是法官，唯一能公开的场所是法庭。员额法官制度的真正意义在于法官具有了独立性，向正当的公开用权迈进了一大步。但法官还必须具有中立性和被动性。否则，不可避免产生不当用权。中立性要求法官与双方当事人保持相等距离不偏不倚，既不能到庭下会见，也不能在庭上有丝毫的亲疏；被动性要求法官不能在庭上对任何一方当事人主动帮助、服务。显然，对法官独立性形成严格有效的制约监督，腐败土壤便可予以清除。法官公开正当用权依赖行政长官正当用权高质量保障监督。两者形成科学的公开审判及其保障制度，又分别依次依赖四种保障制度和四种发展方法。

总之，不科学制度是腐败的土壤。虽然完成改革的总目标任务是漫长、艰巨的，但改革每前进一步都会换来一片净土。

九、执行难的解决

执行难是困扰法院几十年的重大问题。一直寻求解决的路径、方法，都不尽如人意。党的十八大以来加大了执行的改革力度，使这一问题在很大程度上得以解决，应乘势而上更加深入广泛地解决执行难。

（一）执行难及其原因

深入广泛地弄清楚什么是执行难及其原因，是解决这一重大问题的前提和基础。

1. 什么是执行难

20 世纪 90 年代，执行中出现地方保护主义、部门保护主义，暴力抗拒执行，积案逐年增多，当事人上访不止，社会公众、新闻媒体、领导机关高度关注，"执行难"现象逐渐显露。执行难是个筐，执行不了就往里装。凡是执行不能，引起申请人抱怨的就是"执行难"。

在对执行积案定性分析基础上，一经定量分析就清晰地看出，绝大多数积案是被执行人无履行能力或者部分无履行能力形成的。正是基于此，出台了终本执行等措施才见成效。无履行能力往往在起诉前业已客观存在，将这些积案统统装进"执行难"显然是不合理的。因此，有履行能力而执行不能的积案才是执行难。

2. 执行难的内部原因

我国改革开放推动经济社会迅猛发展，市场主体、运行机制的成熟要有相当过程，执行法、个人破产法等法律还不健全乃至缺失，执行环境有待改善，社会公众理念有待更新等，都是重要的外部原因。要着力分析更为直接、主要的内部原因。

（1）缺乏总抓手。执行难现象产生的原因相当错综复杂，加之案多人少，难免头疼医头、脚疼医脚，眉毛胡子一把抓，事倍功半。如前所述，质量是申请执行人的需要，是执行的本质和核心价值，是贯穿执行全过程的一条主线。全部执行难都归结于质量问题，全部执行活动都要围绕质量进行。解决执行难根本在于提高质量，一切方法、措施都要聚焦提高质量，首要解决的是质量标准界定不清的问题。就目前的执行状况来看，质量标准框架可用一个等边三角形表示，质量位于三角形中心，底线是被执行人的既有财产，两边是法定措施和法定期限（见图6-1）。

图6-1　质量标准框架构想示意图

一是有履行能力而执行不能的积案是执行难，无履行能力的不属于质量问题。这一底线的设定，既控制执行人员必须主动执行被执行人的既有财产，又控制申请人不得无理要求。二是执行措施必须是法定的。这条边界的设定，既严格控制执行人员必须依照法律用足强制措施，不能少用也不能多用，又控制当事人严格服从、遵守法定强制措施。三是执行期限必须是法定的。这条边界的设定，既严格控制执行人员必须依照法律期限执行，不能提前也不能拖延，又控制当事人严格服从、遵守法定期限。解决执行难不能超越底线和边界。可见，将质量当作总抓手才能抓纲带目，纲举目张，事半功倍，力克执行难。其首要改革措施是执行质量制度化，尽快揭示、遵循客观规律，用法律的形式规范质量标准。

（2）两种、两级权力混淆。执行权决定质量总抓手，揭示其性能才能科学配置、行使。一是决策权是对人的决定权。决定是劳动的普遍属性，但因方法不同而有所不同。依据自然科学的技术和依据既有成熟的科学的教育，通常只有一种计划方案。管理针对有思想、有感情的人或者通过人管理财物就要讲究策略，往往具有两种以上方案。因而其决定属性非同一般，而应称作决策权。二是执行权与执行管理权混淆。前者由执行长执掌，针对案件执行程序、措施；后者由局、处、科长执掌，针对执行机构、职能配置、人财物使用。两者主体兼任难免混淆两种权力，产生行政长官行使管理权就等于行使了执行权的错觉，有害于执行权的科学配置。三是执行决策权与实施权混淆。两权的分与合看似简单、无足轻重，实则举足轻重决定质量生命。生效判决实为针对人的决策，由此派生的执行必须严格照样"执行"。这即两种不同性质的职权。执行中同样有决策与执行两种不同的职权。所谓实施权无非是对执行决策的"执行"。

执行长官负责制是唯一科学的执行权运行模式。其要旨是决策权与实施权（执行）两种主体和程序必须分开，以决策权为核心，实施权对决策内容严格照样"执行"而不能偏离、违背。执行质量好坏主要取决于决策质量。首先，执行长官由有法官资格的人兼任，保障了决策主体合格。其次，执行长官兼任行政管理者，保障了实施（执行）决策的人财物等条件。最后，执行长官对执行享有全部权力，负有全部责任，使权责相统一。这样的执行长官才能正确行使决策权，与行使实施权的执行员相互协作配合、相互监督制约。否则，即使有了科学的执行质量标准也不可能正确执行。

（3）执行异议程序弱化。异议及其诉讼程序不仅能有效地监督执行权运行，及时发现和纠正错误，确保执行质量，还能有效化解矛盾。在实体上申请人与被执行人是不平等的，在程序上是平等的，应十分注重依法保护。如果异议渠道不畅通、力度不够就不能充分发挥其应有的职能作用。

（4）申请人的法律责任弱化。通过三种公权介入私权比较加以分析。在法律规范下，私权本来是平衡的，但因一方违法而失衡，造成侵害相对方和社会利益两种后果。公权资源是有限的，以什么方式介入私权纠纷，首先考量对社会的危害程度，其次才考量对个人的危害程度。一是公安机关受理的刑事案件都是对社会危害较大的。其任务是通过破案既维护社会利益又维护个人利益。被害人并不因为证明不了案情而承担破案不能的责任。二是法院受理的民事案件对社会危害较小，但对个人危害未必不大，即使如此，也不能像公安那样大量投入资源收集证据，而是举证为主辅之以查证。以此为底线便使民事审判公权与私权得以平衡。三是民事执行与公安侦查行为比较，主动作为是相同的，底线设定是不同的；民事执行与民事审判比较，主动作为是不同的，底线设定是相同的。法律明文规定，申请执行人应当向人民法院提供被执行人财产状况或线索。这就为申请人设定了法律义务。责任是义务的结果，申请人不能履行义务必然承担执行不能的责任。于情于理于法完全一致，公权与私权得以平衡。

（二）解决执行难的主要构想

1. 构建以质量为中心的执行管理制度

（1）执行机构设局、处、科，不设庭。执行案件全部由基层法院管辖，派出法庭不管辖。中级法院管辖复议案件。上级法院对下级法院实行以指导、协调、监督执行案件为主要内容的管理。

（2）管理者全面运用计划、组织、监督决策职能。年初制订以质量目标、标准、措施为主要内容的年度计划。借鉴企业 TQC 全面质量管理方法，实行全方位、全过程、全员参与、数字化考核，奖惩分明，运用信息系统全面控制。

2. 构建以决策权为中心的执行制度

（1）实行执行长负责制，执掌全部执行决策权。执行长由员额法官兼任，并与局、处、科长合一。执行长可根据规模状况配备助理。局是否设处、科根据规模状况确定。

（2）执行员服从执行长的指挥、命令，具体实施（执行）执行长作出的执行决策。执行长不得单独实施自己作出的决策。执行员与执行长配比要根据实际情况确定。

附录：法院创新生涯

"大众创业，万众创新"！党中央发出了向新时代进军号令。改革是通过制度变革推动物质、精神文明建设发展，造福中国人民；创新直接推动物质、精神和制度等全部文明建设发展，造福全人类，是更加广泛、深刻的革命。法院创新就是运用科学方法，探索和遵循审判规律，将原法院系统分解为新的多层次要素；再合成为新的多层次系统，使其最终成为具有公开审判、公正解决纠纷整体性能的新法院系统。笔者从事法院工作30多年，体会最深的是实践和理论的创新。"万众创新"的时代令我感慨万千，激动不已，激励着我将最有意义的人生书写出来。

少年从军　养成学习思考习惯

1966年我小学毕业，"文化大革命"终结了我的全日制学业，随后我又经历了几年复课闹革命和工厂临时工生活。1969年12月，未满16周岁的我应征入伍，到山东省军区独立二师五团特务连电台担任报务员。

台长刘志春来自沂蒙山区，仅大我三四岁，却很老练，工作、学习勤奋刻苦。几年的军营磨炼使他具有较高的政治理论水平、演讲水平和很强的组织领导能力，将台里的工作搞得有声有色。他对我严格要求，耐心教育，关爱备至，付出不少心血。后来分手时我曾向他赠言："当年领路人，再把路来引。"班长高美山聪慧过人，报务技能高超，酷爱政治理论，写得一手好字、好文章。曾在《前卫报》发表《战士也要读马列》一文。那个年代军队的政治教育约占一半时间，教育活动接连不断，台里形成了浓厚的政治学习、研究氛围。对于只有小学文化的我，学起来很吃力，只有靠下苦功，多查字典，拜师请教，反复阅读，仔细琢磨，勤写笔记。先后主要研读了《共产党宣言》《国家与革命》等马列著作，苏联出版的《政治经济学》，

《毛泽东选集》四卷，艾思奇的马克思主义哲学，各大报纸、刊物的时事政治理论文章，等等。

"战士读马列"是电台官兵学习政治理论热潮的真实写照。虽然离工作实际较远，不一定直接推动电台业务工作，却极大地提高了官兵的理论水平、政治觉悟和工作热情。由于基础和环境条件有限，我不可能系统、深入地理解、把握马克思主义，但是对其哲学、政治经济学和科学社会主义三个组成部分的基本知识已经比较熟悉，且对其深信不疑，兴趣极高，这使我成为马克思主义的忠实"信徒"，从未动摇过。马克思成为我终生最敬仰的伟人。拜谒马克思墓是我出国的第一要务。2006年到英国专门调整了紧张的行程，首先前往伦敦西郊海德公园。途中下起了瓢泼大雨，我冒雨到花店买了束鲜花，在偏僻狭小的公园门口等了一个多小时也未能进入，我只好将花敬放在门口一侧，面向马克思墓地深深地鞠了三个躬，留下了些许遗憾。

十年军旅生涯使我感悟到：学习要有效率，思考要有创新。虽然当时对效率和创新概念并不清晰，却是不自觉地践行着，在后来的学习、实践中又不断深化。刘志春台长曾鼓励我说过，学习如同拾柴火，别人拾的是叶草，你拾的是枝棒，可能与我注重效率和创新不无关系。

学习效率是满足工作需要的知识与学习时间之比，也就是说如何利用人一生有限的学习时间、精力，获取工作所需要的知识。邓小平说过，学马列要学精，学管用的，道出了真谛。知识都是有用的，越多越好，但未必对自己都管用。管用是指对自己的人生和事业起直接和决定作用的知识。管用的知识没学好，把精力放在其他知识上，必然是事倍功半，甚至是画蛇添足，无效率可言。1972年我从部队回家探亲，在火车上遇见一位40多岁的中年人。闲聊中他说，自己精力不足，但是不分心，紧紧围绕本职工作认真学习知识，明显比精力旺盛的人工作还要好，我很受启发。首先，要学好马克思主义，特别是辩证唯物主义和历史唯物主义，能够帮助引导树立科学的世界观、人生观、价值观。其次，学好本职工作所需要的专业知识。更难能可贵的是把马克思主义与专业知识两方面知识相融通。融通的正确路径是学习把握作为桥梁和纽带的应用哲学。例如，辩证唯物主义通向审判工作的桥梁和纽带有历史唯物主义、法哲学和审判哲学。只有牢固树立科学的社会历史观、法律观和审判观，才能使法官真正树立科学的世界观、人生观和价值观。这也是我学习历史唯物主义、法哲学，探索、创立"审判哲学"的重要原因。

思考创新是根据人生和事业需要，运用科学的逻辑方法将已有的理念分析为若干新理念要素，再综合为一个更高的新理念，从而提升为智慧。例如，我在部队学习、运用生产力和生产关系、经济基础和上层建筑两对基本矛盾推动社会发展的原理，观察分析军队的基本矛盾是战斗力和战斗关系、战斗关系和军事党政。抓住这两对矛盾，就会纲举目张、事半功倍地搞好军队建设。几年后，军界开展了"战斗力标准大讨论"。在我看来，这一大讨论未能深入探索、创立军事哲学是一大遗憾。正是这一创新思考为我后来研究法院审判力和审判关系、审判关系和司法行政这一基本矛盾，为创立审判哲学开辟了思路。再如，哲学思考给我带来分析、处理复杂问题的智慧：哲学及其分支学科揭示不同层次、不同领域事物的本质和一般规律，回答客观事物的性质，即"是什么"；功能价值，即"为什么"；发展规律，即"怎样做"。遵循这一"三部曲"定律，转业后，我开始了法院实践和理论的创新生涯。

专心钻研业务　公认的审判内行

1979 年 9 月，我转业到高密县人民法院，从刑庭书记员干起。法院工作是全新的，我干一行爱一行，边干边学，边学边用，尝到了甜头。

那时，刑法、刑事诉讼法刚实施，还没有民法、民事诉讼法，民事审判依据民事政策。法学理论专著只见过苏联出版的。我四处收集或用工资购买法学方面的报刊和书籍，认真阅读，刻苦钻研，积极参加各种法律培训班，很快掌握了工作所需要的法律知识。1980 年春，潍坊中院举办刑法培训班时，讨论"构成犯罪"与"犯罪构成"的区别，要求每个人都发言。多数人都说两者没有大的区别，只是颠倒了顺序。有的说如同"打人"和"人打"。我发言说，前者是动宾结构，是对一个社会危害行为已构成了犯罪的描述；后者则是主谓结构，是一个固定词组，赋予了特定内容，包含着四个要件合成的理论系统，受到中院刑庭庭长的赞扬，还问我什么文化程度。1982 年，我顺利考入华东政法学院（今华东政法大学）函授班，系统学习了 14 门课程，1985 年毕业成为当时全县唯一的法学大专生。

在刑庭干书记员一年多，负责记录和内勤。我工作积极肯干，不计得失。审判人员办案主要靠经验，我就给他们当法律参谋，他们都愿意让我配合记录。庭里研究案件也让我发言，文字材料也让我写。我来者不拒，浑身有使不完的劲。我经常骑自行车下乡入户调查案情，吃住在村里，提审、开庭、研究案件，一天到晚、一年到头忙得不可开交。分管院长边凤城头脑很好用，干了几十年政法工作，经验很丰富，实干精神强，他带头办重大疑难案件。1980 年夏，他亲自承办拒城河乡孙某某强奸未遂一案。提审时被告时而抱头大哭，时而翻供。案件疑点很多，被害人指认的证言含糊其词。边院长带我到实地调查了三天，多次与我讨论，我也提出一些看法和建议。案件事实不清，证据不足，退补证据。检察院第二次起诉未补齐证据，并表示无法再补充新证据。庭里研究时，大多数人认为证据不足，无法认定被告人构成强奸罪。但是，受传统理念的影响，有的同志担心判无罪没有把握。我从刊物上看过被告人不负有举证责任以及直接证据不足时，间接证据必须形成完整的证据链条的论述，提出是否可以此作为理论依据，很快统一了认识。院领导责成本案法律文书、案情报告等由我起草，经院审委会决定，并报中院同意，判决被告无罪。这是刑法、刑事诉讼法实施后高密县人民法院第一起判决无罪的案件。我从事刑庭书记员工作一年多，曾多次受到上下一致好评，在中院刑事审判会议上受到分管院长的表扬，1980 年底被直接提升为审判员。

1981 年 3 月，院里调我参与组建经济庭。庭长崔凤德正直朴实，虽文化程度较低，却经验丰富，敢说敢干敢于承担责任，对我很器重，放手让我干。在他的领导下，经济庭半年就审结了 32 起案件（在潍坊市法院系统是最多的），其中审结了有一定影响的四川省达县地区供销社诉高密化肥厂拖欠 10 多万元一案。最高人民法院经济庭庭长亲临考察给予了充分肯定。年底，崔凤德提为副院长兼庭长，我被提为副庭长主持工作。

1982 年我被抽调到打击经济犯罪专案组，参加审理高某某等多人投机倒把、贪污等罪案。该案被告多、起数多、罪名多，罪与非罪界限不清，算是高密历史上经济犯罪领域的重大疑难案件。与刑庭一位副庭长审查后，我主动制作了精确、简明的表格，使金额、手段、结果、分赃等情节一目了然，受到中院领导肯定。

1984 年 3 月机构改革，公道正直、干练，组织领导和政治理论水平较高的张光庭院长继续留任，边凤城仍任副院长，我被提为副院长，分管刑事、经济和后来成立的研究室。两位老领导对我都很关爱、支持。那时，受理案件不多，疑难案件很少，大多是常见的简单案件。我已经系统掌握了各门法律知识，也注重随时学习掌握新法律、司法解释、案例选编等。遇到新型案件、新问题都下功夫研究，主动多向上级法院汇报、请教，不弄清楚不罢休，也积累了一些办案经验。因此，对自己分管的业务工作驾轻就熟。在我主持研究案件时，对一般案件能准确、快速地决定；复杂、疑难案件不拘泥于法条，从立法原意和法理深入分析，敢于下决心，拿出既合法又切实可行的解决方案。久而久之，我不分管的庭遇到疑难棘手的案件也主动找我研究。我被公认为院里的内行。

1985 年，检察院起诉高密农行夏某某违规放贷款 26 万元未能收回，构成挪用公款罪，按贪污罪量刑，处 10 年以上有期徒刑。我分析认为，借款公司营业执照属集体性质，而非个人。夏某某所实施的客观行为和主观故意，都不是借给个人使用，不符合以贪污罪论处的挪用公款罪特征，应以玩忽职守定罪量刑，庭里和审委会一致通过。此案经中院、高院直至请示到最高人民法院同意这一意见，夏某某被判处 4 年徒刑。

1985 年，在中院倡导下，我带领经济庭到拒城河乡进行解决农村土地承包等合同纠纷试点工作。之后，中院在昌乐县召开座谈会。当我汇报经过试点认识到，农村存在大量的矛盾纠纷，已经影响到农村发展，如果只靠诉讼解决是杯水车薪，各级政府人员解决这些纠纷的能力相对不足，因此，要更新理念，变零打碎敲、等案上门为系统理顺，主动服务。中院院长插话，很好！就是要围绕党委政府的中心工作，运用系统工程方法，主动出击，理顺农村各种合同关系，推动农村工作，我们法院才能有作为、有地位。

这期间，研究室处于初建阶段。廉洁司法调查、知识竞赛、经济审判调查与建议、综合治理农村合同纠纷经验、部分案例等先后被省、市法院，市、县委转发，推动了本院工作。

1986 年春，高密县东关村贸易公司卖给即墨县一公司价值 8000 多元的木材，没有书证，几个证人证言互相矛盾。使案件判不了，调不成。我主持研究，大胆决定对关键证人以作伪证司法拘留。其吐出真情，案件顺利调解结案，成功地尝试了因伪证采取司法拘留措施。

1986年夏，拒城河法庭调解审结了买卖价值30000多元的棉花案。原告姐夫来院上访称，原告将自己的棉花卖了，并有证据，其舅子也承认。信访室和民庭研究认为，应提起再审，但拿不准。他们邀我一起深入研究。我建议，棉花市场可能尚未放开，应属统购物资，可先到县供销社查明依据再作决定。办案人员找来了国家、省、县关于购销棉花的规定，查明棉花由国家供销系统专营。我认为，本案当事人不只是违反民法原则构成侵权，更重要的是几方都违反了行政法规。要首先依据行政法规确认买卖合同无效，应撤销调解书，没收棉花，处以罚款。但鉴于被告已将棉花卖给国有企业县化纤厂，由供销社认可，就不必再审了。向原告及其姐夫说清楚，双方达成欠30000多元的协议自行解决。否则，移送行政机关依照行政法规处理。双方自愿达成调解协议，都很满意。

1988年，商密县委常委、组织部长来法院与领导班子集体谈话。边院长退居二线，我被任命为党组副书记，一位转业的团政委任副院长。张院长说："这几年来，我们法院之所以有了新的发展，很重要的是年轻好学、敢于创新的王军同志进入领导班子，带来了生机、活力。"

回顾任副院长分管审判业务的8年，是依据政策和经验进行审判向依据法律及其理论进行审判的转轨过程。审判中所遇到的复杂疑难问题，现在看来不算什么，但是，也必须具有创新精神才能圆满解决。计划经济之下社会关系简单、直观，依据政策、运用经验就能完成法院职能任务。在向市场经济转轨中，社会关系日益复杂，所产生的案件必然复杂，新类型案件日益增多。所适用的法律必须以反映客观规律的科学理论作基础。学习、钻研法律及其基础理论，也是一种审判业务的创新。实践证明，认真学习，钻研法律及其原理，勤于理论创新思考，敢于与实践相结合，善于用足用好法律武器，力求将法学知识转化、升华为处理社会纠纷的审判智慧，才能依法妥善处理各类案件。

创新管理 探索法院整体建设规律

1991年7月，我到潍坊市委党校中青班学习半年。年底院长病休，我回法院主持工作，开始了法院管理探索、创新。

随着经济社会发展，高密法院规模迅速扩大，案件数量、干警人数大量增加，实行一乡一庭，由于管理跟不上，导致上访申诉案件居高不下，不能及时处理，各庭都抱怨案件多、人少忙不过来，违纪人员和违法办案现象时有发生，三个庭长连续出现问题，部分招聘人员打伤驻军战士等问题，造成很坏影响。如何通过改革创新来解决审判和队伍建设的问题摆上了议事日程。困惑中，我与担任县化工局局长的妻子吴荣勤反复交流，她详细介绍了企业如何管理人、财、物的经验，使我深受启发。管理是企业的基础，对于法院来讲，关键是如何做到奖惩分明，解决干好干坏、干多干少都一样的问题。她又找来一些企业管理文件和书籍，我认真学习思考后，着眼法院实际构想了"四定一挂钩"的工作思路。即定任务、定人员、定报酬（浮动收入）、定责任，考核结果与物质和精神奖惩挂钩。党组经过详尽研究，确定了每个庭室的"四定"内容和实施方案，向中院、县委汇报后，于1992年正月开始正式施行。实施中，各庭不仅不再互相攀比、抱怨，而且有些庭室还申请主动减员。例如：刑庭，原先9人还嫌少，现在"四定"方案定员7人，庭长主动提出要求由7人减到5人，而保持7人的浮动收入不变。这些经验做法，得到了潍坊中院的充分肯定，潍坊市政法委发文件推广了这一经验做法。

针对常见多发的问题研究制定了队伍、案件、车辆、财务等暂行规定。其中，《违法办案查究制》刊登在《人民法院报》。一周后该报又刊登了《违法办案查究制好》的评论文章。在工作实践中，对违反规定的现象，党组都旗帜鲜明地依规严肃处罚，并在大会上通报。为此，干警们震动很大，有效地强化了法纪意识。全院办案质量、数量都显著提高，干警队伍素质明显提升。中院、高院肯定并推广了我们的做法。当年高密法院跨入了潍坊全市法院系统先进行列。

"四定一挂钩"只是利用少量物质奖励和表扬批评等精神奖惩解决了浮在面上的问题，还停留在头疼医头、脚疼医脚的水平。法院还存在较深层次的问题：干部能上不能下，八九年甚至一二十年干一个岗位，懒于动脑，怕担风险得罪人，出工不出力，不求有功但求无过，大错没有，小错不断，不团结现象频发；金钱案、关系案，人情案等也有发生；29处乡镇法庭正式干警太少，下基层法庭工作认为是倒霉事，几十名招聘人员素质较差，却成为办案"主力"，上下班随便，有的几天不上班；收案混乱，积案没有底数，不结案不报收案，个别卷宗丢失；案件质量不高，周期长，上访缠诉居高不下；乱收费突出，收了费不报账，庭里都有小金库乱开支；各庭自行管理使用汽车、摩托车，大小事故多发，私事用车多于公事用车，燃修费浪费较为严重，报刊、书籍、诉讼用纸较乱，有的学校老师反映诉讼用纸成为学生作业本。

分析上述问题的主要原因是，法院规模迅速扩大，观念陈旧老化，习惯于传统的上对下的领导方式，不会管理，职责不清，没有严格的目标责任和考核奖惩机制。

针对法院现实情况，我曾向当时的中院、县委领导作过汇报。他们都明确表示：要敢于解放思想，大胆改，大胆试。受他们的支持和启发，我在1992和1993两年的学习中，思考最多的问题就是管理，而审判业务成了次要的。于是，我重奏"三部曲"，四处收集管理书籍、刊物，只要是这方面的都浏览或者精读。去北京、济南等地必定到大书店选书，买回几本甚至十几本。有一次，从济南买书后在车上阅读一路，到家就看完了。为了深入探索，凡管理书中提及的相关知识学科，我都找来研读。其中，主要有系统论、控制论、信息论"老三论"和耗散结构论、协同论、超循环论"新三论"。新老三论的主要内容是自然科学和数学，只能理解基本精神，大部分是囫囵吞枣。管理书虽然都是企业的，通过多次与妻子的讨论，对我提出的一些书本上的理论观点，她用在企业实际中的情况来说明。特别是企业"破三铁"（铁工资、铁交椅、铁饭碗）的起因、利弊、成败、经验与教训，使我收获很大。借鉴企业管理规律，我边学习研究，边深入思考法院的实际情况，厘清了思路，决心背水一战，釜底抽薪，进行重大改革，从根本上解决问题。

为解决此问题，制定的主要措施就是首先要科学用人。人是第一资源，案件、信息、物资、财务都靠人管理。在人的管理中要以用人制度为突破口，中层正职竞争上岗，一般人员双向选择，带动全院审判资源的优化配置。确立了解放思想，更新观念，转变单纯的传统领导方式为科学管理方式，调整内部结构，量化目标责任，理顺职能，严格考核，奖惩分明等改革思路。经党组几次集体研究制定了具体方案。第一，在现有机构框架下调整各庭室职能，与人案信物财等五个管理对象对应，由政工科管理队伍和综合考核，告申庭受理再审案件少，负责管理案件；研究室负责信息及其工具的开发、利用、管理，包括公文、计算机、报刊杂志、档案等的管理工作；办公室管理物资，与财务科形成监督制约，财务科管理全院收费、开支等；成立车队实行经济核算，按里程、用时与办案数量、定员数量挂钩。第二，人心流向测验，确定各庭室目标责任权利内容。热门单位加重任务，降低保障和奖励条件。冷门单位反之。特别是重点向法庭倾斜。第三，中层正职竞争上岗。放开候选人报名数额。党组成员1票顶10票，按票数多少确定。第四，确定法庭人员。第五，一般人员双向选择。岗位数比实有人员数差额5名。第六，确定副院长分工。院长与副院长、副院长与庭长、庭长与本庭人员签订目标责任状。第七，管理保障单位制定人案信物财考核标准和办法。经向中院、县委、组织部、人大汇报都得到大力支持。中院院长还专门打电话给县人大主任请予支持，起到重要作用。

1993年2月13日，我在县人代会上被选为院长。2月18日进行全面动员，实施了新的组织人事改革方案。刑庭、民庭、执行庭和高密法庭报名都有七八人。原以为热门的经济庭却只有原庭长1人，可能是他干得较好，没人敢于或者不好意思与之竞争。由于情况复杂，初次进行这种改革缺乏经验，用了20多天时间，但取得了圆满成功，超出了预期效果。选出的德才兼备的中层正职干得都很出色，待岗的5名一般人员平时自我感觉良好却没人要，经协商写了保证书才上了岗。全院干部进行了一次深刻的思想革命，观念得到更新，审判资源大为优化，初步实现了科学管理，工作积极性空前高涨，活力大增，自律意识空前强化。中院、高院都加按语转发简报。省高院院长作了260多字的长篇批示，中院组织全体庭以上领导来考察。潍坊市委政法委以正式文件予以推广，并在300多人的政法会议上临时决定让我发言。1993年秋天在临沂召开的全省第16次法院工作会议上安排我在临沂中院之后第二个发言。东营中院等几位院长当面给予赞扬，省内外多家法院来考察。高密法院自此跨入全省法院先进行列。

经过1993年管理改革创新实践，使我思想认识产生了较大飞跃。管理是立院之基，法院作为庞大、复杂的社会组织，只沿用传统的领导方式是远远不够的，院"领导"是管理中的决策者，是上级管理者，领导的对象只有人。而管理者中不仅有上级，还有同级和下级，管理对象不仅是人，还有案信物财。只有管理没有领导，就会失去方向和动力；只有领导没有管理，就不可能实施全方位、精细化管理。因此，实践让我大胆质疑"领导是管理职能"

的传统权威观点。我认为："计划"是法院依法解决纠纷职能决定的，为满足审判价值主体需要而设定的目标及其措施。"组织"包括按计划进行的竞争上岗、双向选择、优化配置各种资源的过程，也包括法院既定机构正常运行过程。"控制"是对法院组织及其形成过程中以计划为依据，不使行为偏离、落后目标的管理活动。以"考核"代替"控制"，更加简明、便捷。初步给法院管理定义为管理者履行计划、组织、考核等职能，优化配置，最大化利用人案信物财等资源，实现审判、执行和队伍建设目标的行为。这是我在法院管理实践创新中首次获得的管理理论的创新体会，是我一生探索管理规律的起点。

然而，这些来源于实践的认识还是浅层次的，无力解决高密法院管理运行中暴露出来的新问题。例如，庭室之间本位主义，各自为政，条块分割，管者不想管，被管者不想被管、不服管，庭内团结紧密，庭外摩擦频发，各类考核办法、标准相互矛盾、摩擦，考核不精确，不便操作，沿用群众投票、党组决定，奖惩力度小等。以上这些问题在管理书中是没有现成答案的，困惑中我与妻子深入交流，她无意中提到机器零部件使用前必须先弄清楚性质和功能，否则，会造成损失甚至出事故。我茅塞顿开，这不又回到了"三部曲"上了吗。社会组织的运行往往忽视性质和功能的研究，错误做法造成损失无可考究，因为它不像自然科学那样精确，对错、好坏、损益一目了然。看来只从计划、组织、控制等职能理解管理是肤浅的。我决心下功夫弄清楚管理的性质和职能，亦即"是什么"和"为什么"。我查阅了数十种书籍、论文、词典，也没有找到管理性质的专门论述，有的只是一提而过。对管理职能还有一定论述，绝大多数篇幅是怎样具体做，主要是针对企业的。不能找出法院管理与企业管理共同的性质，就无法深层次借鉴成熟的企业管理职能运行模式。我又重温了辩证唯物主义普遍联系和系统论原理，经过一段时间艰苦、反复的思考，终于悟出了其中的奥妙，事物普遍联系表现为系统之间、系统与要素之间以及要素之间对立统一的关系，管理是事物亦即系统普遍联系发展的具体化、应用化。法院管理的根本性质就是系统整体化，其功能作用是将庭室组合成有机整体。因此，要以提高法院整体功能实现总目标为标准，设计各庭室职能和运行机制。

根据上述创新思考，对高密法院管理体制进行了重新设计。为突出强化整体意识，称作"系统化管理"，形成条块结合、纵横制约，权责分明、有奖有惩，各司其职、有序运行模式。"条系统"由院长、分管院长与人案信物财五个职能部门组成；"块系统"由分管院长与分管庭室组成。划分为机关办案庭、法庭、管理保障部门三个考核单元，以增强可比性和考核的精确性。根据单元特点分解成若干单项指标，将人案信物财五个考核办法整合成一个统一的标准，随机考核与年终考核相结合，以达到有效控制的目的。年终在各庭室内部人员述职评比后，由院领导和管理部门组成评委，全院干警旁听，听取被考核单位负责人报告完成年度目标任务情况。评委点评，管理职能部门负责人宣布单项名次及其理由，当面即时答辩互动，再投票测评，最后当场宣布综合名次。全面、准确地评价各单位的工作业绩。评先树优、立功授奖以名次为依据，也是调整提拔干部的主要依据。

系统化管理又取得了圆满成功，超出了预期效果。省高院和市中院转发简报。《人民法院报》编辑专程前来考察，在头版头条发表了《改到深处是管理》一文。在省法院召开的全省第一次法庭工作会议上，我发完言后，干过多年基层法院院长、基层工作经验丰富的一位中院副院长，在我的发言材料上写道："一颗重磅炸弹，效仿之。"不久最高法常务副院长看了省高院转发高密法院法庭系统化管理经验后，作了长篇批示。1994年底高密法院被省高院荣记二等功。

创新教育　探索法院队伍建设规律

1992—1994年，高密法院管理实践创新一年一大步，运行机制日渐成熟，取得令人满意的成效。管理理念创新颇丰，是被实践验证了的，是科学的、可靠的。这为我以后探索研究管理规律奠定了坚实的基础。没有这三年的实践探索，写不出法院管理，也不可能有创立"管理哲学"的构想。在管理不断创新、完善的三年中，队伍建设日益引起我的关注，直至聚焦这一重大课题。

思想政治工作、关心爱护同志是我党我军的优良传统。我从军当班长、排长很用心，深知这些传统的极端重要性，并积累了一些经验。每次改革，都是在党组统一思想基础上，从理论和实践结合上，对为什么改、改什么、怎样改，进行较长时间的深入调查和充分酝酿。院领导按管理职责分工与个别重点人谈心，做通思想工作。这也是大力度改革、高频率改革，能取得成功的重要原因和经验。

严与爱相济是又一个成功的重要原因和经验。管理的目的无非是以铁的制度严格规范约束人的行为。严格，必然使法院全局与局部、集体与个人、个人之间利益发生矛盾、摩擦。在妥善处理这些问题的同时，还要从生活上关爱，使大家亲身体验到家庭般的温暖，才能自行化解矛盾怨气。那时，高密法院收费较少，经费非常困难，办案车辆少而破旧，无钱发福利，很多同志抱怨还不如老婆、孩子收入高。在这种特殊历史背景下，在允许范围内，力所能及地提高干警的生活水平和物质装备水平，这样才能与法院工作形成良性循环，协调同步，又好又快地改革发展。向同志们讲清楚，定指标、压任务，在不违法违纪的前提下，多办案，多收费，用于改善生活和办案装备。从1992年中秋节开始，每年两个节都发放本县较高水平的福利。法庭人员福利待遇更高一些，评出城外法庭人员家属"贤内助"，给她们戴大红花，请县五大班子领导发奖。1993年筹集100万元购买7亩土地，和原先已有的土地共计15亩集资建宿舍楼，使每位干警都拥有一套当时全县最好的宿舍。从而，不仅在工作上打了翻身仗，在生活上也打了翻身仗，极大地鼓舞了全院干警士气，群众普遍反映法院干警气顺劲足，让人刮目相看了。

党和军队优良传统发挥了重大作用，我还总结了"严、实、导、活、细、爱"六字思想政治工作方法。但是，这些主要是围绕管理创新所使用的方法，显得支离破碎。如何在新形势下发扬光大，特别是从高密法院实际出发理顺管理关系，采用事半功倍的方式提高队伍素质，成为日益突显的重要而又艰巨的任务。我又重奏"三部曲"，开始了新一轮艰难、曲折的学习、思考。省院研究室主任担任过部队连指导员，文字理论水平高，又了解我院的情况。1994年冬的一个周日清晨，我把电话打到他家里，一口气请教了半个多小时。他说："我还没起床呢，披着棉袄和你通电话。"我才反应过来太唐突，赶紧表示歉意放下电话。1993年、1994两年左右时间中，我系统、认真地学习、研究了人类社会发展史、企业文化、精神文明建设、教育、集体主义、科学技术等基本知识和规律，理论认识有了新的升华，从而形成了高密法院全面发展的新思路。

确立"以人为本"理念，将育人提升作为主要目标。美国的企业科学管理最先取得成功。日本在遇到工人反抗严重影响生产的困惑之后，总结了科学管理的得与失，实行人性化管理，提倡团队精神，有效地克服了传统科学管理的弊端。美国又加以借鉴，经过总结升华提出了企业文化，又极大地提升了美国的科学管理。企业文化初衷是为了获取最大化利润，但不能把员工当作赚钱机器一味地榨取血汗，要在一定范围和程度内满足员工需要。用科学文化理念打造企业精神，提高员工和企业素质。企业文化建设极大地缓解了劳资矛盾，推动了资本主义生产力发展。然而，私有制企业的文化建设只能是手段，其目的是获取利润。如果企业文化不能带来高额利润，必然会被抛弃。好多企业文化理论按照文化定义，将企业的物质、精神、制度三个方面全部纳入进来，似乎很全面却不符合企业建设发展实践需要。企业文化应当是狭义的，专指精神文化，不包括物质和制度文化。企业文化理念体现了有精神需要和有意识思维的人与物资、资金、信息等根本区别。以人为本是马克思为科学阐明人与资本之间关系最早提出的。本与末形象地揭示了主要矛盾方面与次要矛盾方面对立统一关系的哲理。一个统一体中必然有相对应的两个方面。人是根本，物资、资金、信息等都是末梢。私有制企业是以利润为本，以员工为末，即目的与手段的关系。只有到社会主义高级阶段，人的全面、自由发展才成为目的。人民法院是履行公正解决纠纷职能的社会主义国家审判机关。虽然人员还没有充分自由和全面发展，然而，法官等人员与案件、信息、物资、资金是本与末的关系。案件背后是当事人，法官等人员与案件当事人互为本、末，互为目的、手段。办好案件是为了解决当事人之间的纷争，同时也是为了提高法官等人员素质，提高素质又是为了办好案件解决纷争。只有在办好案件实践中才能提高素质，只有提高素质才能办好案件。因此，法院管理的总目标是办案、育人"两位一体"的。后来研究审判的价值理论，就是以这些认识为起点的。

找准育人主渠道，实施科教兴院战略。在为全院干警讲述管理原理时，我曾借用田忌赛马和苏联米格－25型战机的例子，现在又拿来研究育人。马匹参赛次序的巧妙排序使个体马劣势变成整体优势，这即是管理的妙用。但是，假如一匹马比赛或者三匹马都弱，管理将派不上用场，就靠个体实力了。米格－25战机的零部件不算好，但是由于整体结构合理，性能却是一流的。

可以从提高零部件个体性能着手，再提高战机整体性能。这都说明组织的强弱取决于整体和个体两个方面。管理使各个个体有机合成整体，却不能直接提高个体功能作用。可见，提高法院审判、执行资源的个体性能的方法与管理同样重要。法院管理对象中个体的案信物财依靠科学技术能力开发、提高性能。那么，作为管理者和被管理者的人的个体素质提高靠什么呢？我把邓小平关于精神文明建设的任务是培养四有新人等著名论断以及德智体全面发展的学校教育方针，科教兴国战略，管理和科学技术是推动经济发展的两个轮子等联系起来综合分析，获得了又一重要的全新认识：精神文明就是先进的精神文化，法院文化建设就是培养造就有公正理想信念、有铁的法纪意识、有高尚道德情操、有高超办案技能、有健康身体心理的干警队伍。主要渠道、方式是广义教育。学校的法律系统学习、业务专业培训、开会灌输、谈心、批评、表扬、锻炼身体等，都是不可缺少的教育方式。立院固然靠管理，但是功能作用毕竟是有限的。个体案信物财依靠科学技术开发，个体人的发展依靠教育。因此，兴院靠教育。更为重要的是，管理与科教犹如车之两轮、鸟之双翼，两者协调同步才能又好又快地发展。在搞好管理的同时，要大力实行科教兴院战略。后来，我又发现科学涵盖了管理、教育和技术三个方面。管理与技术相对应而不是科学与技术；人与案信物财同是管理资源，教育应当与技术合二为一端，即"技教"与管理相对应，作为推动法院发展的两个轮子，实行科（学）教（育）兴院是在管理基础上更高的目标。

找准共同信仰，树起集体主义大旗。人一生有高远、深厚的信仰，才会有崇高、远大的理想、目标，才会以坚强的意志和毅力为之奋斗，干成事业。然而，在市场经济的强力推动下，我国生产力迅猛发展，经济多元化，多种思潮猛烈地冲击着人们的思想，信仰危机悄然而至。究竟以什么信仰统一全院干警思想，我苦苦寻觅着、思考着。我习惯浏览几家大报刊的大版面理论文章。1994年的一天，我偶然看到《中国青年报》一整版报道曲阜酒厂在企业文化建设中提倡耳熟能详的"集体主义"。我如获至宝，兴奋不已，拍案而起。这不正是寻觅已久的思想政治法宝吗？得来全不费功夫。经党组讨论通过后，我选择到"少帅老将"、团结好的经济审判二庭，进行集体主义教育试点。庭长王振星刚满27周岁，西南政法学院毕业的本科生，1994年初从审判员直接竞选上任。他还顾虑影响完成办案、收费指标。我说，磨刀不误砍柴工。我先行发言，从人类社会产生的集体性质到社会主义、共产主义发展过程，显现出集体主义的层次性、基础性。从集体主义含义到信仰集体主义的现实意义。大家发言热烈、深入的程度是我未料到的。我边听边思考与实际工作的结合点，萌发了"爱国爱市爱人民，我为社会多奉献；爱院爱庭爱岗位，我为法院多贡献"的思想政治工作方针，使集体主义与中国特色社会主义有机结合，将每个干警本职工作与社会主义、共产主义联系起来。集体主义是以法院集体利益为价值取向的思想体系。私有制企业只能以团队精神作为一种方法，不可能以共同利益为基础形成集体主义思想体系。法院依法公正解决纠纷的神圣使命，要靠全体干警共同信仰、共同理想、共同行为完成。百错私为源，有害于法院集体的行为的思想根源主要是个人主义。集体主义是个人主义的克星，保护合理的个人利益，反对的是个人主义。集体主义作为社会主义的基石，必然会促成依法办案，维护国家利益；违法办案破坏了国家利益也就背离了集体主义。

集体主义教育在全院开展后，引起了大家强烈的思想共鸣。大家纷纷对照集体主义检查自己，开展批评和自我批评，摆个人主义表现，论危害，查原因，修订措施。我又在这火热的实践中总结提炼出"五人教育"深化集体主义。即将人分为五个层次："圣人大公无私，贤人先公后私，凡人有公有私，小人先私后公，坏人大私无公。要学习圣人，争做贤人，做好凡人，少做小人，不做坏人。"使教育深入、具体、生动、鲜明，便于解决实际问题。我感悟到，如果说"以人为本"是正确处理人与案信物财复杂矛盾关系的法宝，那么，"集体主义"则是正确处理法院集体与个人、个人与个人之间复杂矛盾的法宝。集体主义凝心聚力与系统管理异曲同工、相得益彰，极大地提高了干警素质，有力地促进了整体功能，集体主义精神在高密法院深入人心。

根据上述思路，1994年底将高密法院改革发展之路概括为"121齐步走"，即高扬集体主义旗帜，用好改革创新一个动力，推动管理和科教两个轮子，实现办好案、育好人"两位一体"目标。同时，实施人才、精品两个带动战略，构建素质和质量两大工程。素质工程主要是，将素质教育纳入系统管理，以培养"五有"干警为总目标，分解到每个教育和被教育者与办案目标管理负共同责任，统一标准考核；因人分类分级施教，根据工作岗位需要分应知应会内容和个别专业内容。评选各类各级素质标兵，树立学习标杆。重新规划了宿舍，建设篮球场、羽毛球场、花园、集体伙房。请省法院院长题名"法官新村"。每年为 45 岁以上干警体检，为 50 岁以上的干警送生日蛋糕。质量工程主要是，树立质量是法院生命的理念。借鉴企业全面质量管理方式（TQC），全方位、全过程、全员参与，数字化考核，实行案件考核等级制，分为精品、正品、次品和废品，严格考核奖惩。1995 年我被省高院荣记个人一等功。

创新审判方式　探索公正解决纠纷规律

管理和教育经过实践磨合逐步进入常态化，我也日益感到从容、轻松。年初、年底忙一阵子，其他时间挺悠闲。于是，从 1995 年开始探索、研究审判方式的改革。

从 20 世纪 80 年代到 90 年代，审判方式改革时紧时松，从未间断。为落实刑、民两个诉讼法，实行公开开庭审判，最高人民法院在专项审判业务会上部署，各地法院建设大中小审判庭，主要采取"三个为主，一步到庭"等方法。对于改变习惯的"深入基层、调查研究、巡回审理、就地调解"十六字审判方式，严格依法公开开庭审判起到了重大推动作用。然而，普遍存在着暗箱操作、先判后审、开庭走过场的问题。案件受理后承办人先阅卷，根据案卷证据材料情况，深入研究，查明事实后逐级向上汇报，判决案件向审判委员会汇报后再开庭审理，当庭宣判。这成为深化审判方式改革的瓶颈，一直困扰着各级法院，使法院全面改革长期徘徊不前。我也处在迷茫之中。这一年，适逢党中央要求全党学习中宣部编写的"邓小平理论"读本。我认真听辅导、阅读、思考。对中国特色社会主义理论有了比较系统、深刻的理解、把握。特别是令我又一次茅塞顿开、兴奋不已的是邓小平关于建设社会主义，首先要弄清楚什么是社会主义。贫穷不是社会主义，社会主义的本质是通过改革解放和发展生产力，消灭剥削，共同致富。上层建筑和生产关系严重束缚经济基础和生产力，要改革其不适应的方面以解放生产力。令我惊奇、震撼的还不是这些极其重要、极其深刻、极其精辟的论述本身，而是这位伟大的老人极具科学魅力的思想方法。"首先要弄清楚"启迪我演奏出一生中法院"三部曲"最有韵律、最有力量的声音。

我一头钻进历史唯物主义知识中。开始了法院创新生涯中最艰难、最漫长的学习、思考。

第一，弄清楚什么是审判方式，首先要弄清楚审判的本质。社会存在（物质资料生产方式）决定社会意识，经济基础决定上层建筑是历史唯物主义常识，问题在于如何具体理解经济决定审判的本质和审判发展变化的根本原因。我国计划经济下不设法人制度，生产资料是单一公有制，全国产品按计划调拨，实行统一工资制度，人们之间经济社会关系简单，法院受理的纠纷案件数量少、种类少、难度小。刑事案件主要是盗窃、强奸、伤害等，民事案件主要是婚姻家庭、邻里纠纷、损害赔偿、债务等。"十六字"审判方式尚能满足当事人简便、快捷的需要。但是，在向市场经济转轨过程中，设立法人制度，多种经济成分并存，无数市场主体展开激烈竞争，在生产力迅猛发展的同时，经济社会矛盾日趋增多且错综复杂，经济社会秩序必须依靠法律调整。起诉到法院的案件种类繁多，数量急增，当事人对公正的需要急剧增加，法院必须以公开的审判方式才能满足其需要，审判的公正本质显现了出来。可见，当事人的产生及其公正需要是经济决定的，审判公正本质是当事人公正需要决定的，经济是决定审判本质的根本原因。

第二，从对应的事物中寻找自己的性质，是辩证唯物主义的科学方法。审判从行政中分立，两者是同一经济根基上生长的分权枝叶，相互间有着密切联系和显著区别，通过比较可以弄清楚审判的本质和特征。行政是为管理保障不特定人而设置的，其本质是效率。行政的复杂性、持续性、突发性决定工作方式的多样性和权力运作的首长负责制。审判是为解决特定的两造之间纠纷设置的，其本质是公正。审判的单一性、阶段性、稳定性决定工作方式单一的公开性和权力运作的法官负责制。审判之所以分立出来独立于行政，是因为其有不同于行政的性能，只有独任法官或者合议庭在庭上有权拍板定案，才是真正的公开审判，才能实现公正解决纠纷，这是解决审判方式改革徘徊、将其引向深入的唯一正确途径。

第三，深入创新，思考审判方式。从军时借用生产方式中的生产力和生产关系以及经济基础和上层建筑是社会基本矛盾的原理，设想战斗力和战斗关系构成以及战斗力与战斗关系和军事党政是军队发展的基本矛盾和动力。虽然未能深入研究，却悟出一个哲理，马克思不仅揭示了社会发展的矛盾和动力，还为我们正确探索、揭示某一具体社会组织内部基本矛盾和动力提供了科学方法。审判方式从语义上可以解释为审判的方法和形式，但缺乏实践和理论意义。我将生产力和生产关系矛盾的规律与审判活动规律详尽地比较分析，发现两者居然惊人的相似。审判力是法官运用法律及其物化工具审判案件的能力，审判关系是法官在行使权力进行审判活动中与相关人员形成的关系，审判力决定审判关系，审判关系有反作用。审判关系一定要适合审判力状况才能推动审判，否则；束缚审判力发展。法官在审判力中占主导地位，运用法律及其物化的审判工具作用于审判对象（案件），审判主体（法官）与审判工具、审判对象有机结合才能进行公开审判。三者的有机结合取决于审判权力运作。如果法官开庭审判时没有权力就无法公开审判。审判关系主要是院长、庭长与法官的权力配置关系。审判关系适合审判力状况是指根据法官、工具、对象三者具体状况配置审判权力。审判力水平越高，法官自主决策权越大，院长、庭长决策案件权力越小，监督职能越多；审判力水平越低，法官自主决策权越小，院长、庭长决策案件权力越大，监督职能越少。反之，审判力水平高，法官决策权力小，势必束缚审判力；审判力水平低，法官决策权力过大，势必破坏审判力。审判方式改革就是变革司法行政不适合审判关系，审判关系不适合审判力的方面，最终解放审判力。当时对司法行政缺乏研究，只停留在院长、庭长变换角色，以法官身份开庭审判，如何以院长、庭长身份做好庭下改革的组织实施、思想政治工作、审判监督等。1995 年省法院院长来考察指导，我汇报到通过改革解放审判力时，他插话说，审判力这个概念要有具体内涵。中院院长说，主要是调动积极性。时隔不久，省法院研究室主任来电话说，院长报告上使用了"审判力"。2007 年省法院一位庭长对我说，审判力观点值得探讨，现在提高司法能力不就是提高审判力吗？

鉴于上述思考，高密法院实行等级法官制，首次从组织人事方面大刀阔斧地进行审判方式改革，全院审判人员都参加考试，请中院相关业务权威出题评卷打分，结合平时表现确定甲乙两个等级法官。将案件划分为重大疑难和一般两类，将审判权力划分为事实证据认定权、定性适用法律权、结果决定权和法律文书签发权。对甲级法官赋予较多权力，对乙级法官赋予较少权力。由于高密法院干警改革创新意识较强，加之动员比较深入，没有任何阻力即顺利完成预定改革计划。省高院、市中院都转发了简报。等级法官制经过一年运行，公开开庭水平、办案质量和速度明显提高，信访申诉有所减少。省高院分管副院长和民庭庭长亲临旁听、指导开庭。同时，也发现了一些问题，主要是法官庭前不调查，在庭上难以查明事实、拍板定案。当事人素质差别大，举证能力较差，多数案件证据材料不足，有的真假难辨，影响公开审判。根据这一情况，1996年，在部分办案庭进行庭前准备试点，将一个庭的甲乙级法官分为立案准备法官和开庭审判法官，取得初步经验。在各庭的目标中都有改革创新的任务指标，奖惩力度较大。经济审判一庭庭长张万里，在中层中岁数最大，思想比较解放。试点中他们庭里实行了立案、准备、审判三连环监督保障机制，启发了我，我在大会上表扬说，"三连环"是重要的创新成果，古人说，有志不在年高，在改革创新的今天，应加上一句，解放思想、开拓创新不在年少。1996年夏，中院在昌邑法院召开深化审判方式改革会议。我汇报了三个打算：一是深化等级法官制改革。甲级法官改为主审法官负责开庭，乙级法官改为立案准备法官。二是在审判庭内部设置立案准备组，专门履行立案和庭前准备职能。三是法庭太多、规模太小、人员太少，无法使立案准备与开庭职能分开，要裁减合并法庭。会后让我向中院党组作专题汇报，决定让我们大胆试验。1996年底我邀请中院分管民事法庭的副院长来院指导法庭内部职能设置。他很聪明，法院工作经验、理论知识都很丰富，提出了很好的见解，具体指导、帮助我们下决心，并安排同行的研究室副主任帮我们修改、转发改革理论文章。

1996年底，高密法院人事制度进行了一次重大调整。高密市委规定院级副职52周岁退居二线，庭长职务却没有规定。高密法院发展很快，每年都有较大的改革举措。现任庭长都是这几年快速发展的骨干，功不可没。但是，年龄偏大，文化偏低，开拓精神不足。同时，年纪轻、学历高的干部经过几年实践锻炼都成长起来。党组为此酝酿几次，我主张党组不作决定，分管院长找50岁以上的庭长们谈谈心、摸摸底，如果大家有诚意退下来更好，如果不同意可以继续干。结果七位庭长姿态都很高，赞同让出位子提拔年轻有为的同志。没想到如此顺利。班子成员请七位庭长一起吃了顿饭，就算是退下来了。我在大会上代表党组和全院干警向高风亮节的"七贤士"表示感谢。实践再次证明，只要出于公心，真诚待人，是会被人理解的。院班子也有两位成员退居二线。我安排他俩带"七贤士"去南方考察了半个月。刚满30岁的王振星提为副院长。高密法院拥有近十名法学学士，中层正职都是大专以上学历，年龄大都在三四十岁，为今后发展提供了充分的干部储备。1997 年夏，高密法院被最高人民法院荣记一等功。

1997 年建立的立案准备制度运行时间虽短，但是，与 1995 年以来实行的等级法官制度一道深化了主审法官制，共同搭建起了公开审判及其组织人事制度的基本框架，使我看清了其端倪，理论认识又产生了较大飞跃。尤其是能动地将历史唯物主义和法哲学原理与审判有机结合，打通了从辩证唯物主义到达审判工作的路径。在审判改革实践中感受到了马克思主义哲学无穷的魅力。不由地回忆起了大科学家钱学森为哲学系统勾勒的基本框架：辩证唯物主义是最高的哲学，揭示自然、人类社会和思维三个领域的本质和一般规律，是三个部门哲学。我想，经济决定法律原理是法哲学内容，经济决定审判应当属于审判这一层次的本质规律，萌发了创立审判哲学的念头。总结 1995 年以来的实践、理论探索，主持撰写了《探索审判哲学理论，推动审判方式改革》。被特邀出席了天津市高级人民法院召开的审判方式改革会议。主持撰写了《建立审判哲学理论，指导审判改革实践》一文，发表在《山东法学》（现《法学论坛》）。2008 年夏，省法院在济南舜耕山庄召开商事审判会，济南中院分管副院长请我们几个同行吃饭。席间领导说我们高密法院简报材料多，质量也高，有新意。我说过奖了，还是上级法院水平高，这使我联想起往事：省法院两任研究室主任都说过，我们研究室的秘书们都给你编过稿子。确实，从 1992 年至 1997 年，高密法院文字材料非常多。在基层法院内部传达上级精神，情况也熟悉，讲话不用印成书面材料，除了年终总结以外，自己列提纲就讲了。主要材料是经验总结、改革方案、管理规范、调研理论文章、通讯报道。我虽然没专门干过文字工作，但深知研究室的工作压力确实很大。我把研究室看作是信息中心，凡是信息的收集、开发、储存、使用等都放在这里。对文书、档案、局域网、诉讼用纸、书刊订购、教育资料等都要负责。研究室主任王益华、副主任杨福迅都承受了难以名状的艰辛和委屈。他们都很能吃苦耐劳、刻苦学习、研究新知识、新问题，写作能力提高很快，付出很大心血。我有时批评还过火，现在回想起来真有些歉疚。

立案准备与开庭审判职能分开，对书记员、法警人员进行岗位分工，使我联想起早期美国企业发展到一定规模后，将管理人员和一线生产人员分为白领和蓝领，被称作分类管理。我又让政工科到医院考察。政工科长张丙贞是部队教导员转业的，政治经验、理论水平都不错，考察汇报得很圆满。正如外科手术不能全部由医师进行，必须由主刀医师、助手、麻醉师、各类护士组成。护士职业化，不能当医师，待遇也是分类确定。结合法院情况，法官、书记员、法警、立案准备人员、执行人员等也应该分类培养、使用、管理，不能跨类使用。向中院院长汇报后，受到肯定和表扬，要求大胆试验。又于1997年底向中院和高密市委写了关于分类管理人员的请示报告，主要是将高密法院干警划分为法官、立案准备和执行人员、书记员、法警等类别。书记员、法警不得进入法官序列。法官最高职级为正科，书记员、法警最高为副科。《人民法院报》约稿1998年元旦献词。我写了"探索中国特色社会主义农村基层法院改革发展之路"，打电话请教省高院研究室主任和中院院长，他两位都要我删掉"农村基层"四个字，献辞刊登在元旦的头版。激情满怀的我下定决心，在高密法院这片沃土上耕耘、探索，这一想法曾向上级主要领导汇报得到认可。

出乎意料，换届中我已当选高密市人大代表，却又于1998年1月4日突然被调往昌邑法院任院长。我匆匆和全院干警合了影，便阔别了可亲、可爱的高密法院。从书记员到院长，从一个刚刚涉世的热血青年成长为比较成熟的基层领导。最难以割舍的是对钟爱的公正审判规律探索、实践。回到家里见到已逾七旬饱含热泪的老母亲，我无言以对，只好安慰说："妈，你伤什么心，昌邑很近。"她是抗战时期的老革命，饱经风霜，意志很坚强。她却说："你走的再远也是为党工作，我心疼的是你这几年读了那么多书，花费了那么多心血都白费了。"真是知己者，莫过于亲娘啊！

我早有所闻，昌邑法院是老先进，第一批全国一等功法院。但近几年麻烦不少挺难干。几位知情朋友也安慰我。我感到很委屈，找到上级领导抱怨说，组织这样安排干部，假如是企业，我已经把一个亏损大户干成盈利大户，再把我调到另一个亏损大户。领导提出要求："要正确对待，给你八个字——大胆移植，创新发展。"上任后先和中层正职以上领导骨干逐一谈话了解情况。大家肯定对一个陌生人不会全讲真情。突出的是对人对事看法差异很大，相互之间有不少矛盾，有的裂痕很深，不团结的问题很突出，影响干事业。无奈，我只好从头再来，再大干一场。本来高密法院的管理教育已经比较成熟，只管专心研究审判规律就可以了，现在只能再从管理做起。经党组统一思想后，我在全院干警大会上重点回顾了前两任院长与大家共同创业的光辉历史，昌邑法院干警具备的开拓创新、拼搏实干、吃苦耐劳的优良传统；分析了现有优势，也客观地说明了存在的主要问题，最突出的是政治上不团结问题；提出了"精诚团结，三次创业，再筑辉煌"的方针。按照上级领导大胆移植、创新发展的要求，春节前由党组副书记、副院长魏焕才带领中层正职以上骨干去高密法院考察，回来制定目标、考核标准办法。春节后，进行组织人事制度改革。有好心人劝我说，一上任就动人是大忌。我说，昌邑法院现状与1991年的高密法院情况大致相同，只有这样改革才能迅速大改观。从实际出发，规定机关各庭室正职不得再竞争原岗位，其他方面全部移植高密法院做法。法庭设置上，根据规模化规律共设置5处。半年之后，最高人民法院提出法庭设置规模化。昌邑法院的法庭设置完全符合这一要求，无须再调整。改革进行得异常顺利，只用了几天时间，干警的工作热情便迅速高涨起来，各项业务工作很快进入潍坊法院前列，这也显示了昌邑法院的优良传统。不料，发生了一个令人气愤的事件，有人酒后将攻击我的语言写在墙上。对此，我猜了个八九成。搞人事改革肯定会得罪人，我早有思想准备，只是这种做法太卑鄙。冷静一想，改革中人家不顺心、发牢骚、泄私愤可以理解，还是有理有节处理为好，变被动为主动，免得留下后患。我在大会上讲明后，当场将拍照的胶片烧掉，既往不咎，下不为例。否则，从严处理，绝不姑息，有力地遏制了歪风邪气，此后再未发生类似事件。有一次，我在会上讲到团结时说，大家都知道政治的极端重要性，在我们法院内部什么是政治呢？就是处理好上下、左右，人与人之间的关系。之后，有的同志私下议论，人与人之间关系怎么成了政治呢？在又一次大会上我展开讲了这一问题：有的同志提出质疑很好，有利于把这一重大问题引向深入，这不是较真，而是为了让大家真正明白团结的重要性。在国家层面上，有了稳定的法律秩序，实现了政治，才能搞好经济建设，让人们过上幸福生活。战争是阶级矛盾、民族矛盾不可调和激烈到一定程度的产物，一旦平息了战争，也就实现了和平，和平就是政治。在法院层面上，我们法院是国家统治工具，对外的政治是坚决执行党的路线、政策，依法公正解决纠纷案件，维护国家正常的法律程序，这是大政治。法院对内政治就是两个字"团结"。我还几次用集体主义理论启发、引导大家，逐渐在昌邑法院树起了正气，团结方面明显好转。1998 年底市中院组织的考评中本来总分第一名，但是因为寿光法院创"大立案"经验成绩突出列为第一名，昌邑法院列第二名，昌邑法院一年就打了翻身仗。精诚团结，三次创业，再铸辉煌，令人信服，大见成效，也充分证明管理立院的正确性。我不失时机地提出了"121 齐步走"方针，并写在 1999 年初人代会报告上。市委一位副书记说，概括得很精辟，真费心思了。我回答说，是实践出来的。1998 年夏，省高院院长来视察，对我院分类管理、建设五支队伍等予以肯定赞扬。省政法委书记亲临视察对各项工作进行了充分肯定。1999 年，省法院办公室副主任、执行局副局长帮助总结了执行工作经验发表在《人民法院报》头版头条。省院院长批示：看了这篇报道真让人茅塞顿开。"执行难"只要在党委统一领导下，采取科学方法也是能够解决的。中院院长打电话说，你们为潍坊法院系统增了光。《潍坊日报》头版头条报道了昌邑法院科学用人、育人、管人的运行机制经验。昌邑市委常委会专门听取我院关于"依法治负"的做法，决定在全市各乡镇推广。《山东法制报》头版头条刊发了这一经验。1998 年我到省高院参加全省法院改革纲要研讨会，与会代表大多是中院院长，让我倍感压力。我发言时说："改革纲要"首要是把改革目标选准，否则，其他内容都不好定，也容易走偏方向。公开审判是实现公正解决纠纷的必由之路，是牵动法院全局的"牛鼻子"，应当以建立、完善公开审判制度为改革总目标。当然，经济欠发达地区、广大农村要保留、完善"两便"审判方式、庭前调解等，还说到队伍建设要围绕公开审判需要分类分级配置、管理、教育，等等。省院院长插话肯定。之后，办公室主任悄声说："宏篇大论。"

昌邑法院近三年实践证明了大胆移植高密法院的管理教育做法是正确的。第一年较忙，第二年以后就很轻松了。遗憾的是由于更新传统审判理念需要较长时间，审判方式改革无法深入进行，对审判哲学的实践探索仍是中断状态。

2000 年 8 月我被任命为潍坊市中院副院长兼执行局长，分管执行、审监和法警工作至 2006 年底。2007 年分管民事二、三、四庭至 2010 年 1 月离岗。这期间对审判规律的探索断断续续、零打碎敲，处于量的积累状态。2001 年开始写了"审判哲学"约 1.5 万字的构思笔记。先后找了三位合作者，因各种原因终未成夙愿。第四位合作者是报社的，知识广博很能写，但缺乏法院实践知识也未成。我只好自己写。后来写了约1万字，主要是审判的本质和特征，公正是审判的本质，公开、法官制、独立、中立、被动是审判的特征。大体论述了经济是决定审判本质的根本原因，还为实现公正造就了审判流水线示范，诉讼当事人两造之间纠纷是决定审判本质的直接原因，与行政比较看审判性质，等等。手头没有系统的参考资料，这些观点都是平时学习、观察、分析、归纳而成的。

为弄清楚经济与审判的关系，我反复研读历史唯物主义，浏览中国、世界经济史。让妻子深入、细致地讲述企业经营管理发展变化、生产流水线等具体情况，流水线必须以企业一定规模为基础，达到一定规模才有理想的效益。从而弄明白了，最初的审判起源于私有制，奴隶社会生产力水平只能是神判；封建社会生产力水平决定了政审合一的，以行政长官兼理审判，审判依附于行政。这两种方式中，审判都不是独立事物，也就没有自己的本质。资本主义是商品经济，资产阶级为了维护私有制，公平竞争，实行公开的审判。公正审判并不是资本主义独有的，是商品经济决定的。社会主义国家搞市场（商品）经济也必然公正审判，会比资本主义具有更广泛、深入的公正。公正的实现程度受生产力水平限制。同时，并非社会主义生产力水平提高后就会公正，还必须设计、打造公正的审判方式。社会化大生产不仅决定公正本质，还为实现公正解决纠纷的审判方式作出了示范。自然经济在小商品生产状态下，商品生产主要局限于生活资料及其相关的生产资料，交换量小、品种少。家庭式生产规模狭小，基本没有分工，技术落后主要靠经验生产，效率低下，经济关系简单，需要的法律少，发生的纠纷案件数量少、案情简单，当事人需要的主要是效率，政审合一的行政长官负责制审判方式尚能适合。随着小商品经济发展，出现了工场手工业，为提高生产效率，将员工聚集在一起，形成较大规模的工厂生产，分工明确，专业性操作，各道工序相互配合、制约，产品质量、数量大为提高，成本降低。经过市场竞争有的工厂被淘汰，有的进一步发展壮大成为社会化大生产工厂。市场需求量大、人多、厂房大、机器设备多、规模大。流水线作业分工精细，专业化水平高。岗位之间、车间之间、工厂之间互相依赖、制约，产品的质量、数量、成本等都是家庭小作坊、工场手工业所无法比拟的。社会化大生产条件下商品交换急剧增加，必然导致纠纷大幅度增加，当事人效率需要转为公正为主。法院受理案件多，人员增加，分工精细，相互配合、制约，形成流水线作业。由此看出，生产是由小到大，只有规模大的工厂流水线才能有竞争力获得经济效益。反映到审判也是由小到大，只有达到较大规模才能形成精细分工、各司其能的公开审判方式。手工工场生产方式是家庭小作坊向社会化大生产过渡的必经阶段。可以说，小生产"生产"小审判，大生产"生产"大审判。从小审判到大审判必然有一个过渡阶段。这就是后来的"混合审判方式"，兼有"两便"和"公开"两种方式的特性。大审判才能实现公正解决纠纷。

诉讼案件当事人都是双方（独立请求权第三人属例外），是最简单、最普遍的现象。不同于不特定的行政工作职能的当事人，有的是一方，有的是双方，有的是多方甚至无数方。正是这一司空见惯的不同特点，决定了审判本质是公正，行政本质是效率。

在一次全国人代会上，法学家徐显明教授发言说，法官要处于中立状态，不能偏离，就像等腰三角形，两个底角与顶角距离是相等的。我立即抄录下来。临朐县法院尹洪茂写的"中立"专论我也收集起来。这些便是本书法官中立理论的来源。院长、庭长是司法行政长官，其领导法官决定案件，正是公开审判无法进行的原因，也理解了多年前函授老师讲的，马克思关于法官没有上司的著名论断。正是这一认识的突破，才使法院行使法官审判权要独立、中立、被动，深化到法官制要独立、中立、被动的层面。

创新司法行政　探索审判保障规律

"政审分开"是后来我写作"论法院改革"一文的突破口。这一重要观点是我在长期的法院改革创新中观察、思考得出的。司法行政究竟是什么，它与审判究竟是什么关系，是我长期困惑不解的问题。起初，我没有把等级法官、主审法官制当作司法行政，把立案准备也当作审判活动。最高人民法院开立案工作会议也冠以"立案审判会议"。其实高密法院所进行的管理、教育创新实践都属于司法行政范畴。不过是围绕传统的审判方式展开的，显现不出司法行政特有的本质和一般规律。我真正有点司法行政的感悟，是从

1996年高密法院创新执行方法开始的。

当时，因为生效的民事判决、调解确定的债权不能履行等问题，上访的当事人多起来了，"执行难"日益成为热门话题。我要求执行庭长进行详尽定性定量统计分析，包括全院积案数、期限，各庭、个人手中积案数、积案原因等。统计结果是全院积案八九百件，最长有八九年。原因主要是没有履行能力或者有部分履行能力的案件，执行力量难以集中使用，法律强制措施难以采取。案件分给每个执行员，各自为政，被执行人是否有履行能力由执行员判定，何时执行、采取什么强制措施等完全是由执行员说了算，庭长根本无法有效控制。针对这些问题，我们采取了三项措施：一是使用中止裁定使没有履行能力的案件退出执行程序，办案人手中案件数减少60%左右。有履行能力的案件实行严格期限控制，使梗塞严重的执行状态正常运行起来。二是庭长加强管理，将审判程序中的案件数量、进度、执行措施等都控制起来。三是个别有履行能力的难案集中全庭乃至全院力量强力执行。这些措施果然奏效。我从中悟到执行与审判明显不同的是：前者实行行政长官负责制，要收权给行政长官；后者实行法官制要放权给法官。重大疑难执行案件要集中众人办理，再复杂的审判案件也是由合议庭几个人审判。执行与审判是保障与被保障关系，互相促进、互相制约。审判搞得好为执行奠定基础，执行搞好了债权得以实现，可以提高审判公信力。

昌邑法院的法警职能探索也积累了经验，获得深刻体会。我在高密法院抓执行时就深知拘留措施的重要作用。由于在执行中采用拘留措施，全国出了不少问题，中院控制很严，一年拘留不了几个人。到昌邑后，恰好中院将司法拘留权下放到基层法院，我认为法律威慑力集中体现在"杀人""抓人"，连拘留权都没有，怎么能有强制力。我大胆将权力下放给分管院长和庭长共同决定，有不同意见告知我。因为执行积案太多，该拘留的人也很多，当年就拘留了近300人。法警发挥机动、快速、威严等特有优势，履行送达、拘传、拘留、配合强制执行等职能，起到了不可或缺的重要作用。其中，分管院长带领执行庭和数名法警费尽心思，敢冒风险，采用强力措施，到黑龙江省执结了一件七八年的积案，追回现金和物资折款共100多万元。这些急难险重任务，没有法警是难以完成的。法警的确是保障审判的重要力量。

在中院，我分管的基本都是司法行政工作，分别和所分管的负责人说，改革创新确实能推动工作发展，出成绩，但是要付出心血，尤其是中层正职要承担较大压力。我出主意不是决定非办不行，愿意承担压力就办，否则就不办。

2001年初，我分管执行工作。执行局刚成立积案又多，主要精力放在这里。我详尽地摸清了案件、人员情况。原执行庭长任副局长，原副庭长任一、二庭庭长，执行局工作人员共28人，存案八九百件。一庭延续原执行庭职能，分三个合议庭，设三个执行长（最高人民法院推行审判长制度，执行也按照审判组织设置），案件分到执行员手中，自行决定，自行实施。庭长、执行长充分放权。二庭负责异议裁决和对下级执行管理。我根据已有的经验，认真研读了行政学，着力思考执行权的性质和运作模式，经局务会研究报经党组同意，2001年4月18日召开了全市法院成立执行局后第一次执行会议，由我代表中院讲了今后执行工作意见。由于会上解决了中院执行局如何管理下级法院执行局，特别是决定了执行实施权层级化和裁判权公开化等一系列迫切需要解决的重大问题，而且起作用时间持续了多年。几年中大家一直亲切地称呼其为"4·18"会议。明确执行权属司法行政性质，按照司法行政长官负责规律，强力推动执行长负责制是执行改革的核心问题。由执行长负责使用强制措施决策等事项，法律文书署名，与执行员按1∶4构成一个组（不称合议庭，合议庭是审判组织，少数服从多数，故称为执行组）。执行员具体操作落实执行长的决策事项。执行长不得独自执行，重大案件与执行员共同实施。执行异议审查权属司法行政性质，却与审判相似，借鉴公开审判的方式解决执行异议。因为当时要依法处理一部分财产所有权争议的案件，故称作裁判权。民事诉讼法修改后，即改为裁决权。虽然当时对执行的性质、规律理解得不够准确、深刻，但大方向是对的。实践证明，执行长负责制是科学的和至关重要的。我相信，虽然在一定时期认识不尽统一，执行长负责制阻力不小，但将来会落实的，因为它是不以人的意志为转移的客观规律。

"4·18"会议还出台了三项措施：一是建立基层法院执行局管理机制，将高密、昌邑法院的管理考核办法移植过来，把基层法院执行局的工作分成若干单项，制定了精细的考核标准，平时随机考核与年终综合考核相结合，排出单项和综合名次。各法院执行情况相同便于操作，有效地提高了办案质量、速度。二是建立对全市法院执行长的管理机制。执行长负责制决定了执行长素质的极端重要性。中院对基层法院执行长不可能也无必要全面精细管理。实行备案制度，明确规定执行长的任职资格条件。在执行工作中或培训考试中发现不称职的，通知所在法院调整。对执行长进行专门培训，对应知应会内容严格考试。三是加强执行监督。降低执行异议门槛，畅通异议渠道。重要的执行法律文书都要写明异议程序提起。牵扯权属争议等重大疑难案件要公开审理，裁定书按照民事判决书的格式书写，有的裁定书长达七八页。异议请求事项、确认的事实、证据、理由、裁决主文一目了然，提高了执行质量，减少了当事人上访申诉。

在以后的几年中，全国法院系统悄然进行着执行权性质、规律讨论，有较大争议。我未撰文参与，却十分关注，颇有兴趣。伴随实践进行深入思考，认识上逐步深化、完善。争论主要是执行权的性质属司法权还是属行政权，主流观点是前者。我认为，争论不休的原因主要是混淆了司法权、行政权、司法行政权三个概念。首先，弄清楚司法权指的是什么。我国通常指广义上的"公检法"，国际上通常指狭义上的审判权。如果执行权属广义司法权，争议没有任何意义；如果属狭义司法权，执行权等同于审判权了，显然是不当的。其次，如果广义、狭义司法权都不属，就属行政权了。有一种观点，法院只有司法权，没有行政权。如果执行权属行政权应当退出法院，归于政府履行。其实不然，权属性质不在于法院还是政府履行，根本在于弄清楚执行权自身性质。最后，司法行政权是一种特殊的行政权，其功能是保障监督审判。因而，又不同于一般的行政权，行政权的功能是保障管理整个社会，根本性质是效率，审判权的根本性质是公正。司法行政权的根本性质是质量、速度、成本等效率三要素中的"质量"。执行权是典型的司法行政权，根本性质是质量，功能是保障生效民事判决的执行。根本性质的不同，决定了价值取向，权力运作模式都有着根本区别，对于执行工作影响极大。这些，后来我在《论法院改革》一文中进行了详尽阐述。

经过几年执行实践逐步暴露这样一个突出问题：由于民诉法规定的执行程序过于简单，《最高人民法院关于人民法院执行工作若干问题的规定》颁行较早，也不够系统、完善，当事人和律师普遍反映很多执行程序环节无所适从，执行人员也感觉有些执行程序无所遵循，适用法律紊乱，影响执行效率。针对这一问题我思考了很长时间，与人讨论过多次，也几次向上级法院乃至最高人民法院执行方面的领导、专家请教。答复是：执行程序与实体难以分开，还要积累经验。最高人民法院在短时间内还不能出台详尽、系统的程序规定。我认为，实践需要很迫切，完全可以不用等。将现有法律、司法解释进行系统整合，揉入我们的成熟经验，制定一个潍坊法院系统有效的执行程序规定，起到目录索引、拾遗补缺、简明易行的作用，违反了什么级别的规定就按相应的效力处理。这一想法征求了中院和基层法院有关领导和业务骨干的意见后达成共识。由一庭副庭长兼执行长孙绍军、吕宜民起草执行程序规定。由二庭副庭长兼执行长马怀国起草执行异议程序规定并统稿。他三人有一定文字理论水平、实践经验都很丰富。经过几次讨论，几易其稿，印成64开的小册子，全市执行人员人手一册，在立案时发给当事人。

管理和科教是推动法院发展的两个轮子，已被两个法院实践所证明。在注重建立科学的执行管理机制同时，也十分注重与执行管理相对应的另一端——执行科学技能和教育。用好改革创新动力，使两个轮子协调转动同步前进。教育重点是抓好执行长以及全体人员的培训，注重实效性，提高人员素质，着重执行人员执行技能的开发。我认为，管理旨在提高人、案、物的整体执行质量，技能旨在提高单个人（组）执行个案的质量，个案执行技能集中体现在高质量运用强制措施。我刚到中院参加执行局务会讨论案件时，发现执行长孙绍军对强制措施理解得比较深透，运用得比较自如，就向他请教，深入讨论，鼓励他努力钻研、实践，成为潍坊法院系统的执行业务技能权威。我还几次打电话与高密法院执行长薛亭讨论并鼓励、要求他好好总结。后来在全市法院执行工作会上，选了几个优秀执行长从不同侧面专门介绍了执行个案运用强制措施的经验，适用案件强制措施的条件，应该注意的问题等。使大家受到启发，拓宽了用足、用活、用好强制措施的路子。后来设想制定主要强制措施具体规范，因故未能如愿。

2005年，最高人民法院执行局局长一行来山东考察贯彻中央25号文件，解决"执行难"情况。省法院执行局让我汇报。我向本院执行局要了全市执行情况，特别是一些执行数据。在先前构思的基础上，从上车开始写发言提纲，到省法官学院就基本写好了。第二天发言中采用了"三部曲"方法。先对"执行难"概念进行定性定量分析。中央文件是执行发展历史上重要里程碑，必将极大地推动全国法院的执行工作。作为执行机构和人员要抓住机遇做好工作回报中央。我们要先把"执行难"界定清楚，不能把"执行难"当作筐，执行不了就往里装。"执行难"指的是积案太多，抗拒执行，地方、部门保护主义等，这些都是现实的。但是还要结合定量分析，抗拒执行、地方部门保护主义容易被看清楚，但占积案比例极小，70%以上是没有履行能力造成的积案，经济欠发达地区的比例还要高。如果将没有履行能力的案件从积案中拿出来，就不会因为积案太多而定性为"执行难"了。党委统一领导的联动机制，限制高消费和出国，诚信体系等措施固然很好，但是对无履行能力的债务人作用很小。因此，对症下药就要从形成无履行能力的原因着手。我从市场经济交换中的主体风险机制、债权人不负有提供财产线索举证责任等方面深入分析了原因，又从建立债权人可供执行财产有限举证责任、中止、终结执行程序等方面提出一些建议构想。济南市区一位分管执行的副院长发言说，我的发言完全符合他们法院的实际情况。中午吃饭时，受到省院执行局几位领导赞扬，说为山东（执行）争了光。

2006年，我发现，随着立案、评估拍卖委托、保管过付等职能从执行局分立后，起到了一定监督制约作用，但同时带来各自为政、互相掣肘影响执行效率的问题。对此，我便运用管理整体功能原理构想了建立院级执行运行机制，其由执行立案、执行实施、评估拍卖委托、异议审查、保管过付五个机制构成。到年底副院长调整了分工，失去了一次实践机会。

对执行规律的深入思考，使我正确理解了司法行政和行政的性质及其规律，以及它们之间、它们与审判之间区别与联系的切入点。执行是保障生效民事判决履行的司法行政，其程序独立于审判程序之外，与审判之间的区别比较直观，易于分清，不像保障审判活动过程的司法行政与审判水乳交融，难以分清。我几次将执行与公安破案仔细对比。公安是几方当事人并不确定，破案讲究兵贵神速、保密。质量好坏集中体现在案件的破获上，其他方面有些瑕疵无碍大局。重大案件不讲成本，小案却不能投入过多的人力、财力、物力，很明显是讲究全面的质量、速度和成本，有时三个方面还有变化。执行当事人是特定的债权人和债务人，不讲速度和成本，快慢不是问题。要追回债权，最重要的是确保程序各环节的高质量。程序质量提高了，债权不能实现也好交代。反之，债务人有能力履行的债权也难以实现，还可能引起国家赔偿。执行投入的成本本来不高，案件无论大小都要执行结案，不能因为成本高就可以不结案。可见，执行这种特殊的行政职能的根本性质是质量，而不是效率。由此我联想到其他司法行政的根本性质也应该是质量，不是公正也不是效率。

深入思考执行的性质、规律也是我正确理解执行、审判与管理之间关系的切入点。在高密、昌邑两个法院研究管理都是围绕传统的行政化审判方式进行的，体现不出管理要符合审判特有的规律。再者，高密法院实行主审法官制和立案准备制，还未来得及调整管理。由于执行管理是在执行长负责制基础上设计的，要服从执行规律。充分体现了管理是依附于执行或者审判职能的，按其规律履行计划、组织、考核职能将各个个体资源合成为整体功能。这是法院管理的性质和价值所在。

2001 年初，一位副院长到省委党校中青班学习一年。我代管他分管的立案庭等部门。院长面授机宜："'大立案'是潍坊首创的，济宁中院上得很快，对你期望值很高，一定要抓好保持领先。"庭长王惠机敏、幽默，说得一口标准、流利的普通话，还有声乐天赋。十多年前，他刚从外地调到中院经济庭任助审员，我在高密法院分管经济庭接待他。与幽默的人交流才能诙谐起来。我说别看"阿惠"是助审员，可是"会"（惠的谐音）审判。和他在一起感觉活泼、轻松，第一次见面我们就成了朋友。我代管一年立案庭，8 小时以内我们是同志，要讲原则，努力工作，尽心竭力地完成党组交给的任务，保持在全省乃至全国的领先位次。8 小时以外要讲友情，我们没有高低之别。经调查，我提出了 2001 年立案改革创新措施：转变职能，将送达组改为准备组，着力提高准备质量，他很赞同。我们又商定将基础较好的寿光、高密、青州法院作为试点单位重点抓好，制定了准备工作质量考核标准和办法。

"大立案"流程管理是寿光法院在 1997 年率先创立的，又在全市、全省法院推行，省外也有不少推行的。主要针对经济庭、执行庭等自行收案乱、争管辖、积案多、管理混乱等问题，将经济庭的大多数人员抽出建立专门的立案庭，设置一个立案组负责收案，几个送达组负责送达、保全等。作为全院的管理指挥中心，寿光法院又提出大立案、精审判、强执行。这对于推动法院科学管理，提高立案、审判、执行工作的质量、速度具有重要作用，这在法院发展史上有一定地位。然而，受当时审判方式改革制约，也存有一定局限性。一是审判方式改革的目标是变"走过场"为真正的公开审判，由审者——法官当庭拍板定案，以实现公正解决纠纷，法官不能到庭下履行职能。这就需要开庭前由法官以外的机构、人员履行收案、保全、调取、收集、交换证据等准备职能。法官在庭上的权力、责任越大，越需要庭前准备充分。"大立案"职能只重视收案和送达、保全，显然不能满足法官开庭的需要。所以"送达组"应改为"准备组"，将法官需要的事项作为工作重点，将立案庭的工作重心放在提高庭前准备质量上。二是立案庭是三庭（立案庭、审判庭、执行庭）中的第一个，不应该具有管理指挥职能。

工作实践中发生了立案庭能否履行调解职能的争论。调解案件简单好办，审判庭希望多办，反对立案庭调解。立案庭为体现成绩也愿意多办。请示上级没有明确答案。我当时虽然从审判规律上说不透彻，但从办案合法性和成本上认为，应该由立案庭调解，将调解明确列为立案庭职能。后来又深刻地认识到，法官开庭审判就是要解决真正的"官司"，庭前能调解结案的都是简易纠纷案件，与人民法庭审理的简易案件没有质的区别，只是标的额大小不同。当事人的需要是简便、快捷，而不仅仅是公正。由立案庭在准备程序中加以解决，是"两便"审判方式在新形势下的创新。简易案件调解率高，尽可能不进入审判程序，这应该作为庭前准备质量的重要指标。调解由准备组承担，可以边准备边调解。如果调解不成，纠纷焦点更加突显，准备的方向会更加明确，能促进准备工作做得更加充分。

2001年10月，省法院召开立案工作会议，选定五个代表发言，我是其中之一，也是第一个发言的。我和高密法院院长都是围绕庭前准备作发言。省法院充分肯定了潍坊法院的做法，把提高庭前准备工作质量作为2002年全省法院立案工作的主题。这些，再加上高密"联合国项目"，足以表明2001年潍坊立案工作在全省法院保持了领先位次。最高人民法院立案庭副庭长到会指导，会议未结束就到潍坊的寿光、高密考察。时隔不久，联合国计划发展署派员到高密考察，确定将赞助25万美金的"审前准备"项目放在高密。这样安排可能产生异议，因为"大立案"是寿光创的。其中的原委我也不清楚。2001年初中院要求立案转变职能，提高庭前准备质量。寿光法院没动，还是原来的做法。高密法院于1996年开始在审判庭内部做庭前准备很切题，有基础又有所发展。项目是最高人民法院直接选定的，没征求我们的意见。

潍坊法院立案准备工作继续发展的方向，应该是与审判方式改革同步进行，相互促进的。要与各审判庭配合，瞄准法官开庭审判的需要进一步增强职能，提高准备工作质量，我经常与法官互动交流，征求意见不断改进。虽然由于我不再分管导致立案准备和审判相结合的实践中断了。但是，这一年实践经验和理论认识的积累是十分重要的。我深切领悟了作为司法行政的立案准备职能与审判之间的关系，立案、准备、开庭三个保障环节构成了像社会化大生产一样的流水线，也为进一步从理论上弄清楚司法行政性质、功能，及其与审判的区别、联系作了一定积淀。

法警工作在 20 世纪末期普遍发展缓慢，职能很少，主要是刑事提押站庭、看门护院等。1998 年夏，中院院长陪同省法院民庭庭长到昌邑考察，正逢我院法警汇报表演。按照规矩，法警大队长要向在场的最高领导报告。我提醒院长，马上向你报告。他说向庭长报告，我会意地笑了。当向她（庭长）报告时，脸上不无笑意，还以军礼。我望着头烫披肩发、身穿裙子和高跟鞋的她心想：法官与法警正是一文一武、一静一动、一雅一威，也是相互促进、相互制约的对立统一关系。表演汇报完后两位领导都说，没想到昌邑法院还有威力这么大的法警队伍，要好好使用。之后，我要求法警解放思想放开干，不管什么职能工作，往外跑的工作都要发挥优势承担起来，也不要计较分内分外、干多干少，多多益善，逐步规范。无论立案、执行、法庭只要找到了都积极、主动地努力完成任务。年终总结时很多部门都提到法警的协助、支持作用很大。法警在昌邑法院有了作为，也有了地位。

2001 年省法院法警总队总队长来潍坊中院考察，我向他汇报时提出一个观点：法警职能发挥的如何是法院审判方式改革深入程度的一个重要标志。他很赞赏还予以宣传。我经过观察、思考认识到，审判工作牵动着全院司法行政工作。法警工作作为司法行政的重要内容是审判不可须臾离开的。审判方式改革的一个重要原因是法官与法警职能混淆。改革就是要使两者分开，各司其职，法警保障法官审判。虽然当时的认识还比较肤浅，但大方向是正确的。我沿着这个思路进行调研，报经党组同意出台了警长负责制和法庭派警制。公务员法警称警官，合同制法警称警员。从优秀警官中选拔警长。划分、界定警长、警官、警员不同职能、责任。每个法庭派驻一至两名法警。经过一段时间的实践，我到奎文法院高新技术开发区法庭考察法警履行职能情况，听得很兴奋，派警制成功了。法庭外跑的工作基本都由法警承担。我让他们立即总结经验材料，看过材料后我随即萌发了"法庭外勤工作警务化"这样一个命题。经与法院各职能对比、分析，我又萌发了"法院外勤工作警务化"这一想法，即立案准备、开庭、执行的送达、保全、勘查、司法拘留、拘传等全部外勤工作都按照警务运作规律由法警发挥独特优势履行。内与外是相对的，法警在开庭中值庭与法官、书记员比较也是外勤。我向党组汇报时院长说，警长制、派警制解决了运行机制，壮大了法警队伍。外勤工作警务化又解决了法警干什么的问题。法警支队又重新修订了对基层法院法警大队的管理考核办法、标准。在坊子法院法警楼上召开全市法警会议，迅速推开，进一步推动了法警队伍的建设和壮大。全市共有法警400多名，当时在全省是最多的。省法院推广了这一做法。最高人民法院警务部部长专程来考察，给予充分肯定。

从昌邑法院到中院的法警工作创新实践，极大地深化了我的认识。审判、执行是两个独立的职能。每个职能都自成一个整体，每个整体都是由若干个体要素构成的。个体要素之间既不能互相代替，也不能各自为政。否则，会影响整体功能。1979年之前，高密法院只有一个法警，是案件少、案情简单、法院人员少、规模狭小决定的。市场经济中案件既多又复杂，采用公开审判方式，法院人员多、规模大，必须分工细化。法警是其中个体要素之一，如果其职能弱化成为短板，必然影响审判的整体功能。不仅审判要与司法行政分开，在司法行政中法警与立案人员、准备人员、书记员等职能也要分开，按照各自规律履行职能保障法官开庭审判。否则，就不能进行公开审判，公正解决纠纷目标就不会实现。

2002年底，全省法院审判监督会议在济南召开，院长亲自讲话，强调要建立五大机制。其中建立以审判监督庭为主管的审判、执行质量管理机制。会后，汽车刚上高速公路，我问脑子挺灵、知识面较广的审监庭长如何贯彻。他说未考虑，问我怎么办？我说机会来了，对我们来说最管用的就一条：审监庭管质量，运用企业全面质量管理（TQC），借鉴高密、昌邑法院做法。他很赞同，党组也很支持。因为高密法院已搞过，可能我走后中断了，但也会有一定基础。我打电话问高密法院的院长作试点如何，他很愿意。企业"全质管理"是成熟的模式。主要内容是：质量是由若干因素构成的，要全方位高质量；生产中每个环节的质量问题都会影响整体质量，要全过程高质量；

质量是全体员工干出来的，不是质检员检验出来的，要全员参与质量管理；精确、严细检验、监督质量，要实行数字统计方法考核。根据上述原理，高密法院将立案准备、审判、执行划分为三个环节，上一环节为下一环节打好基础，下一环节检验上一环节质量。制定了考核标准和办法进行奖惩。几个月后，省法院在高密召开东片法院现场会。高密法院院长重点发言。我边听着发言边与审监庭长说，得有个名堂，叫"三全一考"如何（全方位、全过程、全员参与、数字化考核）。他说很好。经党组研究决定，在全市法院推行"三全一考"。后来又推广了奎文法院局域网数字化人机结合的"三全一考"做法。

2003 年底，潍坊中院在高密召开审判监督会，重点汇报交流"三全一考"的做法。当诸城法院汇报到打算对开庭审判质量进行可视化监督时，我如获至宝、兴奋不已。即席讲了很多。首先我充分肯定这一设想是"三全一考"机制的重大突破，使数字化考核，从人工到人机结合，又发展到可视化。可视化坐在办公室里观看开庭，可以全市联网。我着重讲了可视化的重大意义：一是开庭是法院办案的主要方式、主战场。当事人复杂、激烈的纠纷在这里解决，公开审判目标在这里实现，党和人民赋予的任务在这里完成。庭下工作好坏都在这里检验。可视化使全院聚焦开庭成为现实。二是可视化可以准确、全面、及时地考核监督开庭质量。高密等法院的分管院长带队巡回检查、考核的传统人工办法，显然无法与可视化比拟。可视化是考核、监督开庭质量最有效的方法、手段。三是可有效地推进审判方式改革。现在审判方式正处在较大变革中，需要认真深入探索研究开庭审判活动规律。可视化提供了优越条件。会上我要求参会人员回去先单独向一把手汇报争取投资。诸城加快落实到位，高密也不能落后，在这方面诸城的认识已经超前了。哪里搞得好就去哪里开现场会。一两个月之后，诸城来电话基本搞成了，全院审判法庭全覆盖，投资不到 30 万元。我想开个简短现场会，立即打电话请示在外地出差的院长。他说准备好材料再开。我让诸城抓紧准备经验材料。其分管院长和研究室主任两次到我办公室研究。省法院审监庭庭长看到材料后，也要到诸城开现场会。只好两会合一，潍坊的基层法院分管院长列席会议。后来省法院又两次在诸城开现场会。高密法院可视化与"三全一考"结合得很好，最高人民法院分管副院长亲临视察。

通过对司法行政实践、理论的探索、创新，我越来越明确地感悟到，法院的全部构成，只有审判和司法行政两大领域。两者是鱼水关系，鱼离不开水；水存在于、渗透于鱼体内外。可以梳理出这样一条清晰可见的基本线索：第一，从政审合一到政审分开。国家行政是审判之母。审判是法院司法行政之母，孕育着一个个司法行政职能。改革开放几十年，随着计划经济转向市场经济，法院由小到大，由简单变复杂；从政审合一起步，审判人员自行审理、记录、送达、保全、拘留、调查取证、执行，到政审分开。从审判中每分立一项司法行政职能，就同时强化了审判和司法行政职能，由传统的"两便"审判方式向公开审判方式迈进一步。第二，审判关系愈加凸显、复杂。公开审判的根本在于法官负责在庭上拍板定案，实现公正解决纠纷目标。审判关系不仅包括法官与院庭长的关系，还包括与法官开庭有联系的全部职能、人员之间的关系。通过政审分开调整审判保障关系解放审判力。第三，审判方式的改革方向。法院所改的不适合审判关系的司法行政和不适合审判力的审判关系，集中体现在政审混淆上。所以，要以政审分开为突破口，分开后再有机合成。分与合同步协调进行，将分散的司法行政职能按照公开审判的需要进行设计，有机合成保障公开审判的整体功能。第四，法院改革要与经济状况相适合。发达地区应建立和完善公开审判制度，欠发达地区应完善"两便"审判制度，适度与公开审判制度相衔接。

创新审判哲学理论　系统揭示法院发展规律

"实现中华民族伟大复兴的中国梦！"习近平总书记道出了全国人民的心声。我的中国梦就是探索中国特色社会主义法院改革发展之路。我想这也是每一位法院人的梦想。经过二十多年探索之后，我撰写了揭示审判本质和一般规律的《法院审判哲学》一书，以此审判观、方法论为指导，撰写了涵盖法院各个方面的法院改革、法院管理、法院文化建设等文。本书试图创新审判哲学理论，系统揭示法院发展规律，回答、解决一系列法院工作中带根本性的重大问题，作为实现梦想的理论指导。

实践，认识，再实践，再认识……循环往复，以至无穷。毛泽东对辩证唯物主义认识论的精辟论述有着极其丰富的内涵，在创立审判哲学中有着更加深刻的理解和运用。人的认识是实践的需要，没有实践就没有认识的动因；认识来源于实践，没有实践，认识就是无本之木、无源之水；认识应用于实践，没有实践，认识就毫无意义；认识被实践检验，没有实践，认识正确与否就无法断定。因此，实践是根本的、第一的观点，这即认识的唯物主义。认识的辩证法体现在不仅能够运用概念、判断、推理等形式能动地、如实地反映客观事物本来面目，更为重要的是通过理性思考创造出比感性实践经验更高的理性认识。正是这种具有预见性、应用性、创新性的理论认识指导人们能去改造客观世界。

我在比较政府与法院区别时，发现了一个奇妙的现象。政府对外相对复杂，内部相对简单；法院恰好相反，对外相对简单，内部相对复杂。政府改革主要在外部，法院改革主要在内部。高密法院系统化管理使我初步学会运用系统论原理观察、分析和解决实际问题。系统论使唯物辩证法向具体化、应用化迈进了一大步，是正确认识法院的科学方法。普遍联系表现为系统之间及其内部联系。子系统之间有机结合成就了新系统，具有了子系统所不具有的新性能。改革创新就在于将旧有的子系统分解成新要素，再按照人们所需要的性能要求合成新的子系统和系统。分解与合成的实践要有超前性、预见性的科学理论指导。创新生成的理论认识所进行的判断、推理过程，是由旧概念分析或者综合新概念的过程。创新必须有科学设想，自然科学依靠科学实验验证假说的正确性，社会科学依靠实践经验验证。如果我没有二十多年法院实践和理论的创新积淀，是根本无法创立审判哲学的。仿佛长期不懈的探索发掘的实践源泉涌流蓄满了水池，每当改革创新需要的时候就会自然流淌出来。使我自信的是，在法院各个工作岗位改革创新的主张、措施，现在看来无论尚在运用的，还是已被放弃了的，大都是合乎客观规律和实际情况的。这便是实践创新与认识创新的重要作用。总之，正确把握、运用实践论和系统论的观点、方法认识法院就是坚持辩证唯物主义认识论。

作为党和国家系统中子系统的法院，之所以不惜投入大量人财物力，就是因为法院具有政府所不具有的公正解决社会纠纷的性能。否则，法院就没有存在的必要了。履行不同于政府的职能必然采用不同的工作方式，即公开审判方式。忽视或者轻视这种特殊性就会辜负党、国家和人民的期待。法院是十分复杂的系统。从不同视角可分为若干层次、领域和子系统。从宏观上可分为审判和司法行政两个子系统。审判系统中，可分为审判实体和审判程序；从工作方式上可以分为公开审判和"两便"审判；公开审判方式从发展规律上，可分为审判力和审判关系；审判程序可分为法庭调查、法庭辩论、最后陈述和宣判。司法行政系统中，从保障性能上可分为审判过程保障和审判结果保障。审判过程保障又可分为立案保障、准备保障、开庭保障；准备保障又可分为送达、传唤、调查、勘验、委托、交换证据、调解等具体保障；开庭保障又可分为记录、值庭和审判法庭等具体保障。司法行政基础性实体保障又可分为组织保障、人事保障和物质保障。组织保障又可分为机构设置、人员配置。机构又可分为法院设置，法院内部机构设置；人事保障又可分为法官和司法行政人员。司法行政人员可分为司法的和非司法的行政人员。司法的又可分为立案准备人员、执行人员、法官助理、书记员、法警；非司法的人员又可分为文秘、会计、司机、技术等人员。物质保障又可分为审判法庭建设、服装制作、通信、交通工具、办公场所、计算机局域网建设等。从规模上审判法庭可分为大中小；从功能上可分为物质功能、信息功能、人文功能等。之所以如此不厌其烦地罗列各个层次、各个类别、大大小小、形形色色的系统，是为了：第一，证明法院系统的复杂性和特殊性，这是政府系统所没有的；第二，证明法院发展规律就是这些纷繁复杂系统的科学划分以及它们之间的矛盾关系。审判哲学理论创新就是将这些系统和矛盾关系揭示出来；审判改革实践创新就是运用这些规律将旧的法院整体分解成一个个新的个体，再合成一个个新的整体，最终合成法院整体功能，即公正解决纠纷的公开审判制度。

然而，最需要着力说明的是，审判哲学是如何来源于实践，又如何经过思考加工而创立的。在审判哲学基础上，进一步说明它的客观实在性和现实可行性。1995年借鉴军队两对基本矛盾的设想，提出了审判方式分解为审判力和审判关系，它们之间的矛盾以及审判关系与司法行政之间的矛盾是法院内部基本矛盾的设想。审判力由审判主体和工具两要素构成，还是由审判主体、工具和案件（对象）三要素构成，当时未弄清楚，后来受历史唯物主义生产力构成理论启发，案件的数量、性质决定主体和工具的数量、性质，案件受理、审判过程、结案情况都是审判力规模和性质的重要指标。故确定为三要素。审判关系是主体在审判中与法院相关人员结成的关系。当时只是把重点放在审判权的运作上。1978 年党的十一届三中全会以后我国的改革，在农村主要是将土地集体所有权与使用权分离，由农民家庭承包经营，这与当时的生产力水平相适应，从而极大地解放了农村生产力。农业机械化水平提高以后，又推出土地流转，进一步适合了生产力新水平。在城市的工商业改革主要是生产资料所有权与经营权相分离，以致后来发展到公有制、私有制、股份制等并存，这极大地解放了工商业生产力，有效地解决了企业长期亏损的问题。我曾与高密市委组织部分管企业干部的副部长交谈过，多数企业盈利，少数企业亏损是干部素质问题；反之，是产权制度问题。他很赞同。农业、工业改革无非是使生产关系中的权责利关系实现了统一。传统的"两便"审判方式价值取向是简便、快捷，与司法行政长官负责制相适合。然而，市场经济下的审判要实现公正解决纠纷价值必须采用公开审判，旧的审判权配置模式就不适合了。为实现公开审判的权责利相统一，高密法院实行的主审法官制，调整了审判关系，解放了审判力。

1996 年在高密法院实行的立案准备制度，是为了保障主审法官在庭上具有充分的证据材料运用审判权而设置的新型保障关系。如果说主审法官制初步调整了院庭长与法官纵向的审判关系，那么，立案准备制度则初步形成了保障职能、人员与法官横向的审判关系。虽然未能敏锐地认识到主审法官制和立案准备制同属司法行政，实际上是改革了不适合审判关系的司法行政和不适合审判力的审判关系。这两项制度并未像管理、教育改革创新那样被迅速肯定、推广，这足以说明审判规律的深刻性和创新理论的极端重要性。两项制度所依据的理论具体回答了经济基础是如何决定作为上层建筑的审判，审判通过审判关系和审判力的矛盾关系沟通生产关系和生产力。公开的审判力以公正解决纠纷调整了生产中人们之间的生产、流通、分配、消费等关系，从而解放和发展了生产力。两项制度的成功实践，验证了先前构想的正确性及其理论依据的科学性。这就是审判哲学的萌芽。当时，只是提出创立审判哲学这一重大命题，不能创立的直接原因是两个严重不足：一是审判力与审判关系、审判关系与司法行政两对基本矛盾运动是一个完整的系统。由于改革时间太短，主审法官和立案准备制度依据的理论认识，所揭示的矛盾运动规律在深度和广度上是远远不够的。同时，司法行政本身也是十分复杂相对独立的系统，其丰富内容还远未显现出来。二是审判的性质、价值和发展

"三部曲"有着严密的内在逻辑关系，互相促进，也互相制约。价值制约发展，性质制约价值。前一步弄不深透，后一步无法深透，更无法使"三部曲"合成"一部曲"。因此，必须先弄清楚性质。

审判的性质既包括根本性即本质，也包括表层性即特征。经过十几年的观察、思考，我越来越明确感悟到审判的本质是"两造"之间最简单、最普遍的事实决定的，与行政的本质大相径庭。经济又是根本原因，只有把握经济原因根基才能牢固。作为本质的"公正"必须能决定、统领与审判相关的一切方面。起初我认为，公开与法官制、独立、中立和被动五个方面并列为审判的特征。这是把审判看作静、动两种状态的缘故。实际上动态的审判就是程序。静态的审判并不能直接决定、统领法官制、独立、中立和被动。决定、统领它们的是公开的程序，即公开是它们的本质，而不是同一层次的概念。审判的公正本质直接决定的只有公开。这一科学划分使实体与程序内涵更加精准。如何更深刻地理解实体与程序，程序的本质与特征之间的关系？我联想起天平和飞机，并查阅了资料，请教了曾经的飞行员。

实体公正与程序公开的辩证统一是审判哲学的精髓，关于法院的全部理论与实践都是为了公正与公开的统一。天平与飞机形象、深刻地昭示了这一精髓，为正确理解、把握审判及其程序本质规律提供了科学的类比推理方法。

天平由竖杆和横杆交叉相连接，横杆两端分别与两个托盘相连接。天平的功能作用是通过左右横杆与上下竖杆有机结合，使砝码与称量对象实现平衡，从而精确地称量对象物品的重量。犹如天平，审判以法律砝码分别裁量双方当事人的主张、举证以及争议焦点，分清是非曲直，以实现公正地裁判实体。实体公正必然是横向的公平与竖向的正直有机结合。只有横向的平才能公，只有竖向的直才能正，两者有机结合才能使双方当事人感悟到实体的公正，从而实现审判实体的公正价值。这便是理想的审判。但是，关键问题是由谁来操作天平和审判？在什么环境条件下操作？怎样操作？飞机飞行给出了形象的答案。飞机飞行首先要有正确航线，头尾协调，前后正直调整左右方向，保证不偏离航线；两翼协调，左右平衡调整上下升降。前后左右有机结合协调平衡，飞机才能平稳飞行。飞机由飞行员驾驶，由飞行员兼任的机长负责地面指挥，由机械师、气象师、仪表师、医师等各类地勤人员负责全方位保障监督。他们发现和解决问题就是监督的过程。保障与监督是对立统一体。犹如飞机飞行，公开是引领审判程序的正确航线，法官如同飞行员，法官独立、法官中立如同两翼，法官被动如同尾翼，使前后左右有机结合正直平衡，在公开审判程序中公正解决纠纷。司法行政长官要由法官兼任，书记员、法警、法官助理、立案准备人员等全方位全过程保障监督。

犹如公开与公正的统一，天平与飞机也有必然的内在联系。天平固定是静态的，飞机飞行是动态的。两者的统一性在于，天平上下左右整合协调，显现出审判静态的实体公正，飞机前后左右整合协调，显现出审判动态的程序公开；将天平放倒犹如动态的公开程序，将飞机立起犹如静态的公正实体。总之，公正是实体的公开，公开是程序的公正。公正决定和统领公开，"公开"决定和统领法官制、法官独立、法官中立、法官被动等四个特征。

性质清楚之后，价值研究方向就不会偏了。审判价值是职能作用加性质。解决纠纷是审判的天职，国家惩处侵害私人权利的犯罪也属广义的纠纷。无非是为了恢复被严重破坏的国家法律秩序，公权介入私权。我在高密法院任副院长时有过教训，考虑合法性偏多，有的案件处理效果不好。2004年底，我参加潍坊市政法委组织的春节前社会治安大检查。到昌邑后，市委副书记提出当前该地最大的不稳定因素是，一个半瘫痪的被害人多次越级到省委上访案。其理由是判决损害赔偿28万元只给了3万多元急救费用。被告人20多岁，判刑7年，自身没有钱，其父有钱，表示如果判缓刑可以全额赔偿。被害人一方表示只要拿到钱判得再轻也行。我回院后向院长汇报同意后，安排审监庭调卷审查，经提交审委会通过改判3年缓期5年，赔了钱平息了纠纷。这一案例改判幅度很大，实现了依法与解决纠纷的高度统一，使我加深了对解决纠纷职能价值作用的理解。

然而，难点在于价值的客观性。我在较长一段迷离混沌中，经反复研读辩证唯物主义价值理论发现，如果找到了价值的经济根源，一系列问题就迎刃而解了。审判是当事人引发的，价值主体当事人及其价值需要都是客观的经济基础决定的，审判价值取向是当事人需要，审判价值有无、大小都以价值主体为检验标准，而不能以法院、法官自我感觉为标准。这也说明省法院原院长提出的"以当事人为本"的科学性。2008年我应邀参加省法院知识产权庭主办的"以当事人为本"研讨会。发言题目是"树立当事人为本理念，更好地为当事人服务"。我还采用"三部曲"办法，先从本与末对立统一关系切入展开分析。回答了什么是当事人为本，又从改革角度分析了怎样公开审判满足当事人需要。会后，此发言得到多方领导的充分肯定。后来一位庭长和我说，有关部门出了一个专集，未收入我的文章，原因是"为当事人服务"太低了。我想，当事人中还有国家呢，既然当事人是根本，不为他们服务还能为"末梢"服务吗？那么，树立这一理念有何用呢？现在看来树立科学的审判价值观是多么重要！

市场经济造就了无数竞争主体，也造就了千万诉讼主体——当事人，其需要"公正"。审判职能必须根据这一需要设计，公正解决纠纷是审判的价值，公开解决纠纷是审判程序的价值。法官制、法官独立、法官中立、法官被动分别通过审判程序与当事人形成价值链。价值链是从企业借鉴来的。平时我们常说法院干警要树立正确的人生观、价值观。但是，往往与本职工作脱节，虚无缥缈。公开审判的程序价值关系是法官为核心与各个不同保障职能岗位连接而成的，无论立案、准备、记录、值庭等，都通过流水线链条各个职能环节连接着法官。法官具体进行审判时满足当事人需要，实现的审判价值是法官和全部保障监督人员合成的价值整体。这就从理论上解决了法院人员的价值取向和如何实现的问题，也与"以人为本""集体主义"两大法宝相契合。

审判的性质和价值"两部曲"学会了，第三部"发展曲"就好写了，感觉到势如破竹、水到渠成的气势和爽快。性质决定价值，价值是反作用。审判的发展无非是回答如何实现价值的问题。具体说就是揭示两对基本矛盾是怎样运动，实现公正解决纠纷价值的。"发展"最具实践性，所以，审判哲学最早的探讨开始于这里。

审判力理论突破于质和量的对立统一关系。审判对象背后的当事人需要决定审判适用什么法律，采用什么物质工具；决定审判主体的身份和权力性质。案件数量决定审判力规模。"两便"审判规模小，公开审判规模大。如前所述，经济决定了小生产"生产"小审判，大生产"生产"大审判。这体现了司法管辖规律，决定了中国国情要实行两种审判制度。由此引出了法院及其内部机构设置这个首要解决的重大实践问题。1997年我曾与山东大学法学学士、曾任两个法庭庭长且都很出色的高密法院民庭庭长张国良讨论过几次法庭设置问题。我问他法庭能否不办判决案件。他说，你的意思是法庭只承担立案准备。当时没敢下决心的原因正是还没认清审判力的规模规律。需要公开审判的案件当事人对远近并不在乎。有的法院在离县城10公里左右的乡镇设法庭确属不妥。首先，法庭达不到公正规模。其次，当事人到县城法院机关，要比到法庭还方便。派出法庭设了撤，撤了再设，折腾了几次造成很大浪费。同时，法院和内部机构设置也缺乏科学依据。这些使我第一次看到了法院组织法的决定性作用。法院组织法之于法院相当于宪法之于国家。随着法院改革发展不断深入，法院组织法将会更加完善、科学。

审判关系比审判力抽象得多。起初反复思考不得要领，后来下功夫反复研读生产关系全部内容。然后，与审判关系详细比较分析才破了题。关于生产关系内容，马克思表述的是生产、交换、分配和消费四个方面构成。斯大林表述的是生产资料所有制，生产中人们之间的关系和分配关系。我把这7个概念逐一比对审判活动关系，并结合"飞机原理"，终于悟出了审判程序四个特性和价值在审判关系中的具体运动规律，奇妙无比，犹如高超的艺术精品。将法官行使审判权力一分为二，权利和义务。受到独立的保障是权利，受到中立的监督是义务。这是程序的公开属性决定的。独立保障与中立监督是完全对等平衡的，容不得一点偏颇。如果重独立、轻中立必然滥用权力；如果重中立、轻独立无法正常用权。法官必须被动，一旦主动必然失衡，破坏了独立也就破坏了中立。上述状态都会破坏程序的公开价值。监督在哪里？好像与我捉迷藏。找来找去就在眼前，藏在保障之中。哪里有保障同时就有了监督；有多少保障就有多少监督；有多大力度保障就有多大力度监督。立案、准备、庭上书记员、法警等既是保障关系又是监督关系……我沉醉在生产关系、审判关系、飞机、天平畅想之中，自然美、艺术品、科学规律融为一体了。

1982年我作为华东政法学院函授生在青岛听孙克强老师讲哲学课。他讲课深入浅出，幽默形象，加上外貌因素，我们亲切地称呼他马（季）老师。他熟练地在黑板上画了一棵大树，说社会形态如同一棵大树，生产力是树根，生产关系是树干，上层建设是丰富多彩的树头。其实我类比审判与其程序，天平放倒是飞机、飞机立起是天平是跟他学的。他说辩证法揭示的事物发展规律，立起来是螺旋式上升，放倒是波浪式前进。他还说，你们都有相当的生活和工作阅历，应该开自然辩证法课，我来讲。这又是我的一个遗憾。现在研究发展哲学必须具备这方面知识。

借用孙克强老师的类比，审判力是树根，审判关系是树干，司法行政是树头。树头的确丰富多彩，我本想将其与审判关系的矛盾运动写在一节中，越写越多，只好分开。司法行政本身就够复杂了，加之与审判方式有着千丝万缕的关系，更是错综复杂难以判断和把握。

一是司法行政范围的界定。虽然，在审判的本质一章中区分过审判与司法行政，其实也是在这之后又修改的。鱼水关系，水渗透鱼身体之中。程序法将庭前准备工作也列入审判程序中。我分管三年民商事审判签发法律文书时，倍感审判人员撰写法律文书、案情报告等要付出极大精力。曾询问过他们能占用几成办案精力、时间。他们分析说五成左右。设想法律文书等由书记员起草法官修改。书记员本职工作需要的素质与起草判决素质差别太大，加之现行书记员没有审判经验不合适。我在报刊上曾见过法官助理称谓。又琢磨着如果设置法官助理一职，专管法律文书起草和审判的事务性工作岂不大大压缩法官员额。这样，法官助理作为最后、最隐蔽的司法行政职能工作也被"挖出"来了。

二是司法行政的性质。司法行政本质已在执行创新中解决了。但是，认识特征都费了不少周折。起初我将组织规模化、人事分类化、物质人文化、体制统一化四个保障的性质看作司法行政的特征，运用起来很别扭。究其原因"四化"分别是个体保障的特性，按照系统原理整体的性能不同于个体要素性能。特征必须反映整体的某一方面，而不是对某一个体要素的反映。否则，势必把司法行政割裂开来，是不科学的。我又对照审判关系四个方面，在司法行政中寻找它们的影子。从法官制、法官独立、法官中立、法官被动对司法行政的要求，发现了一个窍门，与这四个方面相对应的性质不就是司法行政的特征吗？如果特征对应不起来说明这种关系不是科学的。与法官制相对应的是行政的长官制。司法行政介于审判与行政之间。借鉴飞机要受地面指挥，将双方特性统一起来，法官兼任司法行政长官再合适不过了。医院外科大夫兼任外科主任等都属于这种现象。与独立相对应的是紧密、配合等。经推敲，受军队炮兵、装甲兵等配备隶属步兵作战启发，断定配属是恰当的。与中立相反是偏重等，如同监督与保障，中立派生于、存在于独立之中，已经没有上与下，否则就不是独立了。法官与司法行政人员以及各类司法行政人员之间都应当属于平等关系。与被动相对应的显然是主动了，法官被动与司法行政人员主动恰好是对立统一的。法官兼任行政长官制、配属、平等、主动作为司法行政四个特征，每个都是质量整体特性的反映。同时，又对照司法行政质量本质。质量必然要求行政长官制、配属、平等、主动。司法行政只有具备这四个特征才能实现高质量保障监督价值。

三是司法行政保障职能。审判离不开组织、人事和物质。起初，写了三项职能：组织保障系统化，人事保障分类分级，物质保障统一化。系统化是针对现行保障机制存在的各自为政、支离零碎等弊端，根据系统论原理将各项相关联的职能合成整体保障。然而，越是深入研究现行组织状态，越发现系统化还不能切中要害。各自为政、支离零碎的根源在于机构过于分散，规模太小。只有将相互关联的职能人员组合在同一机构中，达到公开审判规模自然会系统化。因此，规模才能使组织保障纲举目张。分类分级是针对司法行政人员与法官先分类别，然后，再分出上下级，实行行政长官制。在弄清了司法行政的配属和平等特征之后，发现司法行政不仅不能居于法官之上，也不能居于法官之下；各类司法行政人员相互间也不能居上或者居下。可见，人事保障的根本性质是分类化。分类分级可作为改革过渡性的办法。统一化是针对地方政府管理财物会影响国家法治统一性的问题。然而，随着对司法行政研究的深入，一方面，统一化并非物质保障要害。我将法院全部物质装备逐一分析，只有审判法庭和服装是独特的，其他方面与公安、检察机关没有明显区别。审判法庭的物质功能、信息功能虽然有突出的特性，比较简单、直观，易于理解、把握，但在狭小的审判场所，最为重要的是蕴含高远深厚、丰富多彩的公正审判的人文精神和功能。另一方面，不仅物质保障需要统一化，组织、人事保障同样离不开国家最高行政机关的统一管理。可见，物质保障的根本性质是人文化，统一化是整个司法行政保障职能的管理体制。这样又将法院司法行政与国家行政、国家立法以至党的领导具体、有机地联系起来了。

在写作中特别注重各层次、各领域系统之间的内在联系以及系统内部的联系，以各自整体性能为设想目标和成功的标准。《法院审判哲学》全书写完后，又几次将它们之间的关系深入思考。感觉审判、司法行政及其组成的人民法院的性质、价值、发展已经分别揭示并合成哲学理论体系，初步形成审判观、方法论，仿佛整体昭示了一个神圣、庄严的"公正宣言"。又感觉改革创新贯穿写作始终颇有心得，改革是时代的主旋律，具有极大的现实意义，索性又专门增写了审判改革一章，试图具体回答法院改革中的一些重大问题。这种愿望在写作《法院审判哲学》之前是没有的，只是对改革提出某个方面的见解、主张，还停留在零打碎敲水平上，从来没敢想写这么大的题目。然而，写作中也没遇到什么难题。有些许"众山一览小""一泻千里"之感。可见，审判观、方法论的正能量是多么巨大。写完法院改革后又强烈地想写论法院管理。将审判观、方法论与先前管理经验和理论积淀有机结合就顺其自然写成了。只是我国经济发展不平衡，在写过渡时期法院管理本质时费了周折。在传统审判方式向公开审判方式过渡时期正是司法行政起主导作用，就断定整体质量是法院管理的本质，提高整体质量是价值取向。我国经济发达地区建立、完善公开审判方式，才可以转为整体公正管理模式。在过渡时期必须紧紧抓住质量这个"牛鼻子"。将来不需要着力抓质量，现在不能不着力抓质量；二审对一审可以不抓质量，本院内部决不能不抓质量。写完管理后，意犹未尽，再写法院文化建设。略加回忆、思考之后，感觉文化建设内容很丰富，只是过渡时期有难度。但在论管理中已经攻克了这一难关。在高密法院创新教育中积累的经验和理论都派上了用场。也没用参考书，很顺利就写成了。

《法院审判哲学》写作过程中有两个问题特别重要又不便展开就单独写了。一是要实行两种民事审判制度。根据审判哲学关于经济决定审判方式性质原理，我国经济发展不平衡，发达地区要实行公开审判方式，欠发达地区要实行"两便"为主的审判方式。民事，刑事、行政审判都应采用两种方式。但是，刑事审判必须与检察院改革同步进行；行政审判的设置应当与经济发展程度同步，欠发达地区可以晚一些设置。所以，只写了民事审判。二是要树立文化审判理念。文化审判是从企业文化管理引申、借鉴的。首先，不同于自身建设的法院文化，文化审判是一种审判工作的方法或者方式。其次，审判是一种国家管理经济社会的职能，根据实际情况采用文化审判方法在理论上是科学的。最后，社会主义初级阶段，虽然不能作为一种"方式"实行文化审判。但是，审判实践越来越凸显了文化审判方法的必要性和迫切性。而且，随着公正需要更加强烈。法官不注重论理释明，当事人对自己的案件稀里糊涂，怎么能真心接受判决结果呢？不采用文化审判方法，公正解决纠纷，维护法律秩序的神圣职责就难以完成。

至此，关于法院的文章，想写的都写完了。我的法院创新生涯也告一段落。不知梦想实现几何。当年我告别高密法院最大的遗憾是脱离了创新实践，不然我的梦想一定会实现得更好更快。如今，我最向往的是回到阔别多年的审判创新发展实践中，去探索、去思考、去验证……

通过审判哲学理论创新及其指导下的法院建设创新发展，使我又萌发了更大、更多的研究课题："信息哲学""管理哲学"……开始了更高更远的追梦——为振兴我国应用哲学贡献微薄之力！